中华人物故事汇

中华先烈人物故事汇

李明瑞

军事科学院解放军党史军史研究中心

学习出版社

中华先烈人物故事汇《李明瑞》编委会

主　任：陈传刚
副主任：陈秋波　陈永红　周　鑫
编　委：郭　芳　褚　杨　王　冬
王　雷　黄学爵　刘向东

主　编：陈秋波
编　著：刘向东

目 录

Contents

引　子

李明瑞是中国工农红军的名将。他自幼矢志报国，虽兵权在握，主政华南一省，但仍坚持追求革命理想；虽历经困苦艰辛，但仍坚信革命的光明前途；虽蒙冤受屈，但仍忠贞不贰，信念毫不动摇。

李明瑞，号裕生，1896年11月9日（清光绪二十二年十月初五）出生于广西北流县（今北流市）清湾乡一个清贫的破落地主家庭。青少年时代勤奋好学，学习成绩优异。1918年，考入滇军讲武堂韶州分校炮科。两年后毕业，分配至桂军林虎部，半年后升任排长。1923年，随部加入隶属孙中山领导的广西讨贼军，参加讨伐旧桂系军阀陆荣廷、沈鸿英以及驱逐滇军军阀唐继尧、龙云等的战斗。李明瑞作战勇敢，屡立战功，几年间便由排长依次擢升为团长。

1925年秋，广州国民政府发起第二次东征、南征。李明瑞率部协同友军相继光复广东西南部军阀邓本殷部主力盘踞的高州城（今茂名）和钦州、廉江、合浦、防城等地。

北伐战争时期，李明瑞先后任国民革命军第7军旅长、师长、副军长，率部转战湘、鄂、赣、皖、苏等省，参加贺胜桥、箬溪、德安、王家铺、龙潭等战役战斗，屡建战功，被誉为北伐“虎将”。

第一次蒋桂战争后，李明瑞和俞作柏开始主政广西。1929年9月，二人通电反蒋。从此，李明瑞紧跟共产党，走上了以革命武装反对反革命武装的光明大道。

1929年年底至1930年年初，李明瑞先后参与组织领导百色起义、龙州起义；工农红军第7军、第8军成立后，他就任红7军、红8军总指挥，并光荣地加入了中国共产党。

1930年2月，桂系军阀向左右江革命根据地发动猖狂的进攻。李明瑞率部同来犯之敌展开激战，相继收复隆安、平马等地。4月，红7军第1、第2纵队到黔桂边境进行游击战争。李明瑞率部孤军游击，连克怀远、宜北（今环江），后又长驱直入贵州，攻占军阀王家烈后方重镇榕江。6月初，红7军主力回师右江，重占百色。随后，又挥师东下，收复恩隆、思林、隆安等县。

1930年10月，红7军奉命离开右江革命根据地，到河池集中整编。11月，红7军党员代表大会后，红8军余部编入红7军。在“立三路线”的指挥下，红7军主力开始执行攻打柳州、桂林等大城市的作战计划。但在敌强我弱的情况下，红7军连遭挫折。在全州召开的中共红7军前委会议上，李明瑞坚定地站在邓小平一边，反对攻打大城市的错误主张，支持到湘桂粤边寻求休整补充、逐步靠拢江西的意见。全州会议恢复了邓小平的正确领导，使红7军逐步转呈生机。此后，红7军先后历经激战梅花村、强渡乐昌河和崇义突围等战斗，于1931年春到达湘赣革命根据地。

1931年4月，李明瑞接替张云逸任河西临时总指挥部总指挥，统一指挥红7军、红20军（不久后编入红7军）和湘东南红军独立师，在赣江以西击溃安福县守敌，连克茶陵、安仁、攸县等城，有力配合红一方面军取得了第二次反“围剿”的胜利。7月，红7军东渡赣江，在兴国与红一方面军主力会师，编入红3军团。在第三次反“围剿”战斗中，李明瑞率领红7军配合友军东进，屡创佳绩。

第三次反“围剿”胜利后，“左”倾路线的阴霾向李明瑞袭来。他在“肃反”中被诬蔑为“假革命”“混进革命队伍中的军阀残余”。对此，李明瑞胸怀坦荡，仍以革命利益为重，顶住各种恫吓和威胁，埋头努力工作，以实际行动向组织表明自己的清白和忠诚。然而，他却遭到越来越严厉的打击。1931年10月23日，李明瑞到前线视察，途中在雩都县（今于都县）黄龙乡朱田村，被冠以“逃跑投敌”的莫须有罪名，惨遭杀害。李明瑞被错误杀害，是中国工农红军的一大损失。

1945年中共七大期间，李明瑞冤案得到公开平反。中共中央决定，追认李明瑞为革命烈士。邓小平曾评价说：“他是一个能艰苦奋斗的人，勇敢，善于指挥，行军、冲锋、打仗总在前。”

李明瑞在短暂的35年人生里，一直都在努力追求光明。他在加入革命行列后，就认定“革命，跟共产党走，这是我们唯一要走的路”。蒋介石多次对其威逼利诱，但他始终不为所动，并赋诗一首以表心迹：“高官厚禄视粪土，为民效劳堪清高。革命志坚如磐石，愿作壮士抗浊流。”这首诗表现了共产党人坚定的革命意志和高风亮节，永远值得后人景仰和学习。

01 少年才俊

人杰地灵

李明瑞，号裕生，1896 年 11 月 9 日出生于广西北流县清湾乡朱砂地村。“北流”一词，来自贯穿县境的圭江。圭江自南向北流，北流县因此得名。

北流县是桂东南的一块宝地。这里土地肥美，气候温和，雨量充沛，物产丰富，是著名的产金地区，自古有“金北流”一说，是当时广西非常富庶、缴纳赋税较多的县份。

朱砂地村位于县南与广东交界处，相传东晋道士葛洪曾在这里取朱砂炼丹。村里流传着这么一个传说：很久以前，村里有一口水井，天一亮，井底就会涌出红光闪闪的朱砂。早已把这口井占为己有的财主，每天清晨都让自家的丫鬟到井边淘取朱砂后，再干其他的杂活。丫鬟不堪劳累，就在天亮之前偷偷地将滚烫的开水倒入水井，从此那口井再也没有流出朱砂来。不过，这里的池塘水面依然到处漂浮着朱红色的物质。

朱砂地村坐南向北，面对一片谷地，四周是矮山土岭，青山绿水，环境优美，村前屋后耸立着许多古老苍劲的桂树、杨柳和苦楝树，花开时节清香四溢。

地灵而人杰，朱砂地村聚居着全县闻名的李氏望族。清朝嘉庆年间，这里出了一个誉满海内的才子李绍昉。据说，这位才子小时候便会吟诗作对，有“神童”之称。后来进京赴试迟到了，李绍昉请求嘉庆皇帝准其单独补考，皇帝惜才，特准其补考。而嘉庆皇帝在看了他的文章后，惊喜道:“比今科状元还胜一筹！”当即破例赐封李绍昉为“复元”，称其“才压三江”（江苏、浙江、江西），李绍昉从而成为当时全国著名的才子。

这个大名鼎鼎的李绍昉就是李明瑞的曾伯祖父。

李氏家族本是个殷富的封建书香世家，但随着时代的变迁逐渐没落，当李明瑞呱呱坠地的时候，李家早已家徒四壁，清贫如洗。

李明瑞的父亲李云东秉性善良，主要从事耕作，但他勤奋好学，博览群书，还写得一手好字，有时帮人家写书信、状纸、春联、门联，有时被聘为私塾先生，也能得些薄酬。母亲俞庭媓知书达理，心灵手巧，勤劳和善，克勤克俭，有“女君子”“女大夫”的美誉。夫妻俩在村中深受人们尊敬和爱戴，哪家有争吵打架、争夺财产等纠纷，都愿意请他夫妻二人到场劝解。

李明瑞出生的这一天，李云东正在野地里放牛，当得知妻子生下了一个儿子，赶忙兴奋地回到家中。他为自己头胎得个男孩而感到欣喜万分，顾不得清洗手脚，便立即翻书查典，想给儿子取个吉利而有意义的名字。

按照族谱，孩子应排“瑞”字辈，李云东翻开字典，瞥见了“明”字。“明”表示明白、明亮、精明，寓意很好。李云东和妻子商议，就给孩子取名为“明瑞”，俞庭媓同意了。但她听算命先生说，这孩子和她命里母子相克，为保他长命富贵，她又给李明瑞起一个乳名“亚妹”。而等李明瑞会说话了，俞庭媓就让他叫自己“亚嫂”。

李明瑞2岁那年，祖父母双亡，李云东无奈之下变卖10多亩田产，为父母办理后事。此后，家境更是每况愈下。

李家没有固定收入，难以维持一家温饱。唯一能使他们感到欣慰的是，“亚妹”逐渐长大，但父母每天忙于生计，没有时间教他，家里也没有余钱给他买书、纸和笔墨。“亚妹”闲着无聊，就跟着邻居家的小兄弟去看人家喝酒、赌钱、抽大烟。回到家，天真的他就把这些事情如实告诉“亚嫂”。俞庭媓为此日夜担忧。

她对丈夫说：“孩子开始懂事了，俗话说‘近朱者赤，近墨者黑’，这里风气不好，将来孩子染上这些恶习，不会有什么出息的。十二姐正想把平旦村那边的田地出租，我们何不搬过去租种？那边还有她家盖的一间田头屋可作我们的栖身之所。在平旦只要我们辛勤耕种，是可以养家糊口的。”

李云东很赞同，便把家搬到离朱砂地村10里以外的平旦村，租种十二姐的田地过活。他们日出而作，日落而息，夫唱妇随，辛勤劳作，日子虽然清苦，但也自得其乐。当时平旦村只有 10 多户人家，全是贫苦朴实的乡民，他们很喜欢李明瑞，时常围着逗玩，亲切地称他为“亚妹哥”。

“亚妹哥”家住的田头屋坐北朝南，屋旁是一口两三亩的池塘，周边的苦楝树、楠竹丛把本来就很低矮的屋子围得郁郁葱葱。房前屋后，成了孩子们戏水爬树的好去处。“亚妹哥”与平旦村的大人、小孩朝夕相处，和他们建立了深厚的感情，也养成了热爱劳动的习惯，经常随父母一起到田间地头干活儿，还和其他小伙伴儿一起去放牛，每天还带着粪箕捡拾牛粪回家。有时外出见有牛粪，便用双手捧起放到田里。

有一回，“亚妹哥”双手捧着一包用南瓜叶包好的东西兴冲冲地跑回来，调皮地对母亲说：“献给‘亚嫂’一个宝！”母亲听了好生奇怪，打开一看，原来是一包还散发着余温的牛粪。“亚妹哥”笑着说：“这次我忘了带上粪箕，只好摘张南瓜叶用手捧回来了！”母亲听了，连声称赞他：“好！

好！庄稼一枝花，全靠肥当家！肥田种菜，种果造林，样样少不了它！我的亚妹真乖，今天真的带回了一个宝！”“亚妹哥”听妈妈这么讲，非常开心。

李云东夫妇搬到平旦村后，又相继生了 3 个男孩。家里人口不断增加，生活越发困难，再加上天旱，粮食歉收，田租交不上，十二姐十分不高兴。夫妇二人为生活所迫，一天到晚愁云满面。父母的忧虑“亚妹哥”看在眼里，有一天他对母亲说：“我们离开姨妈家吧！”但俞庭媓只是无奈地叹了一口气，没有说话。其实，她也在思索着家庭的前途命运。这天夜里，她对丈夫说：“你家世代都是知书识礼的人，你磨掉的京墨恐怕也有一箩筐。我们多希望你能干出一番事业来，岂料时运不济，我们竟然落到这个地步！”

李云东很理解妻子的心情，但一时也想不出来什么办法。俞庭媓其实在心里早就打定了主意，便不慌不忙地说：“这样吧，你到岭垌去，请我父亲和哥哥设法推荐你去当个教书先生。这样做，不但能给亚妹创造一个良好的学习环境，而且也可使家里生活得到一些改善。”

俞庭媓的娘家，在岭垌乡石梯口村。在俞家父子的周旋下，李云东应聘到岭垌大路寨小学教书。5 岁的李明瑞也随父亲离开平旦村，离开母亲和弟弟，住到外祖父俞度甫家里，开始正式读书。

在外祖父家，李明瑞和大舅父俞壁阶家的表兄弟俞作柏、俞作豫共同生活、学习，朝夕相处，并一起跟随曾在清末考上过武秀才的二舅父俞崇阶习练武功，开始了快乐的少年时代。

从此，李明瑞的人生历程翻开了全新的一页。而谁也想不到的是，李明瑞和俞作柏、俞作豫三人，后来竟都成为祖国南疆历史上赫赫有名的军界、政坛人物。

胆大心细

“亚妹哥”到岭垌大路寨小学读书，开始起用他的学名“李明瑞”。

李明瑞勤学好问，遇到不明白的事情，总要缠着大人问个清楚。在学校里，父亲李云东经常要学生死背《三字经》《千字文》《幼学琼林》、四书五经，也不加解释，学生对内容并不理解。李明瑞对这些书虽然感到索然无味，但在父亲的威严下，他也能强记熟背。而当父亲为学生讲《三国演义》《水浒传》《说岳全传》里的故事，以及历史上的爱国英雄事迹，特别是讲到屈原、岳飞、文天祥、郑成功、林则徐等爱国名人的事迹时，李明瑞就听得特别入神，坐得端端正正，眼睛瞪得大大的。调皮的同学在一旁搞小动作，逗他、推他、扭他，他也一动不动，只是有时会突然愤愤不平地提问："为什么屈原、岳飞等这样的好人总是被坏人陷害？！"而老师和同学的解答，总不能满足他的要求。他暗下决心，一定要向这些英雄豪杰学习，长大了为国为民造福。石梯口村的人都夸他是个"早熟懂事的孩子"。

岭垌山清水秀，风景优美，土地肥沃。石梯口村附近的荒山野岭草木丛生，是一个绝佳的天然牧场，李明瑞和表兄弟们经常来这里放牛，学到了很多驯牛的方法。

这里也成了李明瑞的“第二课堂”，那些养牛的大人就是他的业余启蒙老师。孩子们把牛赶到山窝里去吃草后，就坐到一起倾听大人们讲“古仔”（故事）。从这些故事里，李明瑞知道了不少天下的事情，懂得了很多做人的道理，不断增长着真才实学。

每逢假期，李明瑞便回到平旦村看望母亲和弟弟们，并主动分担母亲繁重的家务。别看他小小年纪，回家后挑水、打柴、煮饭菜、喂猪，什么都干。他还常常把牛赶到牧场去，然后快快乐乐地与平旦村的孩子们一起玩耍，一起讲故事，山地里经常响起他们的欢声笑语。

有一次，两头公牛突然打起架来，它们夹紧尾巴，低着头，瞪着血红的眼睛，拉开阵势，轰然一声就冲撞了起来。一个回合又一个回合，谁也不服输。忽地，那头瘦小的公牛顶不住了，扭头想跑，另一头牛却飞快地钩住它的大腿，顿时鲜血飞溅，双方又继续角斗起来。

这时，一个外号叫“扁鼻子”的小孩“哇”

的一声哭了起来：“死啰，我的这头牛伤了，今晚回家，财主见了定会打我，骂我，不给饭吃，还要我赔哩！”

这一叫惊醒了大家。事关重大，孩子们不约而同地冲上前去，慌忙之中，有的使劲吆喝，有的投掷泥团，想把两头公牛分开。但是，角斗的两头牛都毫不示弱，反而斗得更厉害了。大家束手无策，焦急万分，“扁鼻子”更是急得哇哇大哭起来。

李明瑞站在那里，一边看着牛格斗，一边紧张地思考着。一下子，他想起了《三国演义》中“火烧赤壁”的故事。“有了！”他猛地大声喊道，“两头牛斗得正眼红，野性发起，是认不得人的，万一它冲过来就会踩死人！大家快快躲开！我有办法了！”

说罢，他迈开大步跑进村子，拿来一根长长的竹竿。他把一团干稻草绑在梢头上，又在外面捆上一层柴荆和青蒿叶，然后点燃。等到烟浓火猛的时候，李明瑞大声喊着，举起竹竿，冲上前去，将烟火捅进两头公牛的中间。两头公牛在烟熏火燎之下，终于坚持不住，收角昂头，各奔一方。一场你死我活的危险顿时烟消云散，大家都大大地松了一口气，“扁鼻子”也破涕为笑了。

这次化险为夷的壮举，赢得了平旦村乡民们的赞叹，大家都夸他急中生智，有勇有谋，而孩子们也更加敬重李明瑞，平时没事爱找他玩，有事求他出主意。

小小年纪的李明瑞，表现出胆大心细、敢闯敢为的性格特点。母亲俞庭媓经常嘱咐他，从岭垌回平旦的时候，不要因为贪快而走白米岭，那是一条山路，经常有野兽出没，还有山贼抢劫，拐带小孩。但李明瑞总是不听，偏偏要从白米岭那条路走，还若无其事地告诉母亲：“那里什么也没有，不见老虎，也不见山贼。如果真有老虎来，我就爬上树，有贼来，我就趁他不防一剑刺去。”说着，就拿出舅舅给他的剑比划着。

平旦村附近有个乱葬岗子。多年来，平旦村邻近的死人大多埋在这片山坡上，有的穷人家没钱买棺材，就拿一张破席子裹着尸体，草草地埋在那里。天长日久，尸体腐化，尸骨糜烂，给草木充当了肥料，所以那里树木长得枝繁叶茂，草也长得有一人多高，非常肥美，牛最爱到那里吃草。牛去得多了，牛粪也就多了，所以那个地方得了个“牛屎缸”的称呼。

牛屎缸满地尸骨，骨骸中的磷释放后，条件适宜的话，会在空中产生自燃的现象。以前的人缺乏科学知识，不懂这个道理，便以为那是“鬼火”，是在“闹鬼”。一天吃过晚饭后，平旦村的村民惊恐地发现，牛屎缸的山坡上飘浮着各种颜色的火焰，一闪一闪的，有青蓝色的，有红色的，也有白色的。

这一夜，李明瑞也看到了这个景象。上床后，他睡不着，心里不停地琢磨着这个问题。他想，即使有鬼，也没什么可怕的，《聊斋志异》里的鬼很多不都是好的吗？他决定明天夜里到牛屎缸去一探究竟。

第二天晚上，李明瑞瞒着家人，独自来到牛屎缸。周围漆黑一片，只有星星点点的萤火在闪动。树叶沙沙作响，肥草在摇曳，远看像是有人，近看却什么也没有。他转了一圈，始终也没发现什么鬼。

在岭垌，李明瑞听过一个曾经被抓壮丁的男人讲他自己的身世。那人说，他什么都见过，什么都吃过，刚当兵的时候，长官专门要他们新兵夜里到死尸堆里站岗放哨。李明瑞问他："你不怕鬼吗？死了的人会不会变成鬼？"那人说："有什么鬼？我们打仗时，杀了那么多敌人，要是有鬼，他咋不来报复呢？！"从那时候起，李明瑞就认为世上没有鬼，《聊斋志异》说的鬼不过是警世而已。这次夜探牛屎缸，他更确信没有鬼了。

李明瑞经常和小伙伴们到牛屎缸去放牛。有一次，天快黑了，大家高兴地赶着牛群回家，有的牛已进了牛栏，这时，有个孩子突然大叫一声："我的牛不见了，肯定是还留在牛屎缸那里呢！"天黑了，谁都不敢主动说回去找牛。见大家都默不作声，李明瑞果断地说："我们大家一起去牛屎缸，把牛找回来。"小伙伴们你看看我，我瞧瞧你，都十分为难，其中一个干脆说："天黑了，牛屎缸有鬼，我怕，我不去！"李明瑞大声说："怕什么？有胆子的跟我来！"他挥动着牛鞭，带头向前走去。

起初，有些孩子怕得打战，脚发软，走不动路，一个拉着一个的衣角，跟在后面，挪着脚步。李明瑞走在最前边，学着牛“哞哞”地叫着。小伙伴们见他那样大胆镇定，心里才慢慢踏实下来，也都“哞哞”地叫着。过了几个坟堆，终于看见了那头牛，它吃饱后正趴在坟地里津津有味地反刍着青草。这回，大家的心都乐开了，高高兴兴地赶着牛回到村里。

李明瑞边走边对小伙伴们说：“耳听为虚，眼见为实。不要听人家说牛屎缸有鬼，就轻易相信有鬼。其实，人死了骨肉都腐化了，叫他他不应，问他他不答，哪里来的鬼?！凡事只要认真想一想，大胆去闯，就什么都不怕！”

开学了，李明瑞又回到外婆家，继续上学。

有一次，李云东在课上教读《三字经》，学生们听得索然无味，一个个都坐得东倒西歪，有的竟在课堂上打起了瞌睡。看到如此情形，李云东心生一计，转身在黑板上写了几则谜语：

二人力大顶穿天，十女共耕半边田。

三人同日去采花，百友原来是一家。

火禾二人一排站，夕阳下面两个瓜。

李云东说：“这6句，每句打一个字，猜中6个字的获第一，猜中4个字的获第二，猜中两个字的获第三，而且要求一次说出来。”

孩子们顿时精神抖擞起来，课堂变得活跃了。有的孩子在用手画着一个“二”字，一个“人”字，然后开动脑筋猜想；有的仅想对了一个“夫”字，下面的却想不出来了；有的猜出了两个字，却猜不全。课堂上一阵热烈发言之后，又变得鸦雀无声了，同学们都在苦思冥想。

李明瑞思索了一会儿，突然站起来说：“二人力大顶穿天，十女共耕半边田’这两句是‘夫妻’二字，下面4句是‘春夏秋冬’4个字。”李云东欣慰地看着儿子，不断点头说：“对，对！”全班鼓掌，同学们一致赞叹起来：“又是李明瑞得第一名！”

暑假又到了，李明瑞回到平旦村。母亲依旧每天忙个不停，白天在地里干活，晚上又忙到深夜，煮饭、喂牲口、照顾弟弟、缝补衣服……一天到晚几乎没有停歇。明瑞看在眼里，疼在心头。他想：世上不知道有多少人要像母亲这般劳碌奔波，要是自己能帮母亲分点儿忧，那该多好呀！

一天晚上，母亲又在煤油灯下缝补弟弟的衣服，他赶快坐到母亲的身旁，仔细观察怎样裁剪，如何穿针引线，怎样锁扣眼。他看明白以后，便对母亲说："亚嫂，让我来帮你一点忙好吗？"

母亲说："你叫亚妹，但是个男孩，手粗脚笨的，哪能干得了这女儿活？"李明瑞说："你不是叫我亚妹吗？我能干男人活，也能干女人活，让我来吧！"他一把抢过了母亲手中的活儿，干了起来。

从这以后，母亲看明瑞心细肯学，不但教他裁缝，还教他绣花。李明瑞学得十分用心，很快就学会了一手裁剪手艺，不但能够缝补自己的衣裳，还帮父亲、弟弟们补衣服，帮母亲做绣花的帽子，甚至替邻居缝缝补补。对这个懂事的孩子，乡亲们都交口称赞。

矢志救国

1909 年，在舅父的资助下，李明瑞考入北流县立高等小学。他知道求学不易，入学后勤奋学习，考试成绩经常名列前茅。他省吃俭用，节余下来的钱都用来买文房四宝和字帖，一有空闲就埋头练字作文，他的书法和文章经常得“贴堂”（张贴表扬）。

一次，北流知县高廷梅到高等小学视察，看见李明瑞的书法和作文后，赞叹说：“这些字写得端庄有力，笔锋雄健，文章也通畅达理，不是一般高等小学学生能做得到的，这孩子将来必能出人头地。”

穷人孩子早当家。在家里，李明瑞能够帮助母亲扛犁拖耙、耕田种地、插秧割禾、整坪晒谷，还会缝衣绣花、炊事烹饪，逢年过节他还能宰杀鸡鸭，样样能干。在学校，除了门门功课全优外，他还爱好体操、跑步、跳高、打球、游泳，武术更是在行，可称得上是一位“全能把式”。

从北流县立高等小学毕业后，因为家贫，李明瑞暂时放弃报考中学。他决定继续留在岭垌居住，边学习，边劳动，边练习武功。在二舅父俞崇阶和武师黄耀林的指导下，他开始实施“学习、劳动、练武”的计划，风雨无阻。

要练好武术可不简单。李明瑞按照师父们的指点和要求，双腿绑上一副两三斤重的沙袋，上山下坡往返几十趟，有时来回于平旦与岭垌之间；早晚都要练习“鹞子翻身”“蛤蟆晒肚”“立倒桩”等动作几十次；要在悬挂着的沙袋上拳打脚踢几百回……还需要每天增添沙袋、石锁的重量和各项基本动作的练习次数。

开始练习的十几天里，李明瑞真有点吃不消，腰酸腿痛，手脚红肿，行走坐卧甚至拿筷端碗都感到困难。二舅和黄武师见状，都心疼地劝他休息几天再练。但李明瑞摇摇头，执着地说：“二舅、黄武师，你们不是常说‘吃得苦中苦，方为能干人’‘只有不怕苦和累，文武才能两双全’吗？”

听徒弟这样说，他们也就不好再劝了。

功夫不负有心人，李明瑞坚持苦练3个月，他的腰腿和手臂都比以前硬朗有劲了。黄武师又教他练习腾、落、闪、跃、滚、扑、摔、打等技法以及南北拳术和枪法、棍法、抛击石弹等武艺。几个月下来，李明瑞把舅父家里的锄把、扁担都练断了好几根。为了准确地抛击石弹，他仿效黄武师的做法，在屋后一棵大树上画了一个人的头像为靶子，又从河滩拣来许多鹅卵石，每天早晚都朝那个头像投击几十颗石子。

李明瑞坚持不懈地苦练了两年，习得一身好武艺。有一次，他挑着谷子到六靖圩去卖，看见几个血气方刚的后生正在争吵打架。李明瑞过去劝解无效，愤愤地站到一旁沉思着，突然看见脚下有一块几十斤重的大石头，他心血来潮，立定脚跟运足气，朝大石猛地一蹬，大石头就从那几个后生的身边飞了过去，吓得这几个年轻人虚惊一场，然后用佩服的眼光看着这个陌生少年，自知没趣地走了。打这以后，邻近的乡亲们又给李明瑞封了一个“小大力士”的雅号。

李明瑞离开学校两年之后，读书的机会又来了。1913 年，俞壁阶搬到北流县城太史第居住，他也跟着来到县城，考上了玉林五属中学，学杂费、伙食费大部分仍由舅父资助。

五属中学是玉林、博白、陆川、北流、兴业五县共属的四年制中学，是当时桂东南的最高学府，校长为博白才子朱锡昂。朱校长早年毕业于广东高等工业学堂，学识渊博，思想进步，是同盟会会员，参加过广州黄花岗起义。辛亥革命后，他回到广西，担任五属中学校长。

朱锡昂高个子，长脸，西装革履，鼻梁上架着一副金丝近视眼镜，平易近人，和蔼可亲，常给学生们灌输新思想、新文化。后来他加入中国共产党，成为广西早期革命运动的组织领导者之一。

李明瑞非常崇敬岳飞，把岳飞作为自己的偶像。气壮山河的《满江红》词，深深吸引着少年李明瑞。放寒假的时候，他在家几乎天天吟诵。当诵到“莫等闲，白了少年头，空悲切”时，他再三地重复着，声泪俱下，心潮澎湃。

寒假结束，李明瑞回到学校。师生们都觉得

他发生了很大变化：一是他的长辫子被剪掉了。二是由父母包办，为他娶了一个名叫罗昭仪的农村女子为妻。昭仪勤劳、温柔、和顺，做饭、洗衣、挑水，里里外外都是一把好手。刚强而又孝顺的李明瑞不好违抗父母之命，对于与她的结合，采取了既来之则安之的态度，顺从了媒妁之言。三是学习更加勤奋，除认真学习功课外，还看了许多英雄传记和小说，特别是《岳飞传》《说岳全传》以及岳飞的字帖，常常摆满一桌子，而且开口闭口都爱讲岳飞的故事。每当提到岳飞抗金屡建功勋就眉飞色舞，慷慨激昂；而谈及秦桧等奸臣陷害岳飞，他就气得咬牙切齿，怒容满面。

开学以后，李明瑞还组织同学开展了几项学习岳飞的活动：

第一，阅读岳飞著作和有关岳飞的传记、小说，通过学习讨论，激发同学们的爱国热情，并联系当前时局，认识和拥护孙中山先生领导的辛亥革命。

第二，利用课余时间，临摹岳飞书写的诸葛亮《前出师表》，仿写岳飞“还我河山”，贴在床

还我河山
岳飞

头桌前，作为自己立身做人的座右铭，使教室、宿舍处处充满爱国救国的氛围。

第三，利用节假日，带领同学和好友到玉林附近的岳飞庙去瞻仰岳飞塑像，虔诚跪拜，真情致哀，朗诵岳飞《满江红》词，握拳宣誓，立志要像岳飞那样精忠报国。

第四，经常利用各种机会，向弟弟们以及村上的伙伴们讲述岳飞的故事，书写歌颂岳飞的作文。李明瑞在他写的《论岳飞》一文中这样说道："岳飞，大将才也。宋自徽钦北狩，社稷南迁，外患之急莫有甚于此者，惟岳飞竟以九千之众，一挫敌于黄天荡，再挫敌于朱仙镇，功成伟矣！"弟弟们把大哥的文章诵得滚瓜烂熟，至老不忘。

从李明瑞对于岳飞的崇敬之情不难看出，少年志强的他，胸中充满着爱国激情，恨不得像岳飞那样，挥鞭跃马，驰骋疆场，实现"精忠报国"的宏愿。

在一次周会上，朱校长对全体师生说："我们名义上已推翻清朝帝制，号称民国。但是，由于封建王朝人心不死，军阀弄权，孙中山先生的三民主义思想未能实现，他们对内横征暴敛，残酷剥削和压榨人民，对外屈膝投降，卖国求荣。现在，大野心家袁世凯甘当帝国主义走狗，妄图扼杀革命。为了称帝复辟，他还要与日本帝国主义缔结丧权辱国的‘二十一条’。我们的祖国正处在危难之秋，同学们都是热血青年，我们在学校不能只顾死读书，要关心国事，忧国忧民，立志报效祖国！”

朱校长的这番话，激励着李明瑞。他对身边一些同学不关心国家、不追求上进的状况，很是担忧，于是主动找到朱校长，提出了自己的想法："现在有些同学对国事不闻不问，有的甚至溜出学校吃喝嫖赌。学校应当制止这种不良风气，加强爱国教育、人格教育。另外，还要鼓励学生习武救国，培训尚武精神，这样才能对付军阀和列强！”

朱校长和老师们都很赞成李明瑞的想法，一致同意和支持他在五属中学组织武术队。第二天，由 30 多名队员组成的武术队便迅速成立了。

武术队成立后，李明瑞制订计划，招收队员，教练武功，整天忙得不可开交。他对队员们说："我们武术队的宗旨就是集贤人武艺于一身，早日为国为民效力。”他利用上操和课余时间认真教授队员们，既能讲又能做，同学们为之叹服。他还邀请黄耀林来校指点，使武术队的训练更加精彩。武术队的活动深深地吸引了同学们，到毕业时，全年级的毕业生几乎全部在武术队训练过，初步掌握了武术的基本技能。

02 骁勇虎将

投笔从戎

1917 年夏，风华正茂的李明瑞以优异成绩从玉林五属中学毕业。

在学校里，同学们经常一起讨论救国之道。李明瑞和同学们一样，面对国内政治的腐败、列强的欺凌，陷入深深的忧虑之中。中华民国号称“民国”，但有名无实，如今仍是军阀割据，民不聊生。大家的结论是要救国，只有维新；而要维新，必须学日本。因此，很多同学相约毕业以后一起去日本留学。李明瑞也想去日本深造，但全家吃饭穿衣都成问题，哪里有钱出国留洋呢？他只好先回家务农，再想出路。

这时，表哥俞作柏正在广东护国军第 2 军担任中尉参谋，表弟俞作豫也进入广州燕塘讲武堂学习。俞作柏的从军经历，启发了李明瑞。他想：出洋留学，家庭经济不许可，而像表哥俞作柏那样，在国内学习军事知识技能，走从军救国之路，或许能有所作为，也比较现实一些。

俞作柏年长李明瑞 7 岁，1910 年秘密加入同盟会，辛亥革命爆发后，加入广西学生军，后和黄绍竑、白崇禧等一起考入武昌陆军中学，又一起升入保定军校第三期步兵科学习，又一起回到广西陆军任职。

李明瑞决心效法表哥投笔从戎。父亲听了觉得难以理解：“喝了几年中学的墨水，还去当兵啊？”李明瑞果断而明确地说：“是！”

父亲沉思良久，说：“你自己定吧！我是力不从心了，你翅膀硬了，可以飞了。”

母亲舍不得儿子到枪林弹雨当中去拼命，但她看到儿子真诚、恳切而又坚毅的目光时，表示了支持：“孩子知书识礼，体壮武精，又有表哥作柏指引，出去闯闯看，谅也无妨，我看就让他去吧。”

李明瑞看到父母同意他从军，高兴地说："我上个礼拜已去信给表哥，要他设法帮我进滇军讲武堂，现在我正等他的回音！"

过了几天，李明瑞收到俞作柏的回信。信中写道："当今要挽救中华民族之命运，'变法维新'已行不通，辛亥革命也流于形式，并不能彻底改变军阀统治之现状。因此，你决心中学毕业后走投军救国之路，我和备予（作豫）十分赞成。接信后，请速来穗见我，通过林总可以介绍你进入滇军讲武堂韶州分校，因这所学校是目前中国最好的军校。"

信中的"林总"，就是护国军第 2 军总司令林虎。林虎是广西陆川人，陆川紧邻北流，同为玉林五属，与俞作柏算是同乡，二人情谊素厚。

1918 年 8 月，李明瑞怀揣着父母卖猪得来的 20 块银元，背上简单的行李，离开平旦村，艰苦跋涉 400 多里，只身来到广州。

李明瑞按表哥来信中的地址，找到了俞作柏。凭着林虎将军的推荐信，他参加了滇军讲武堂韶州（今韶关）分校招生入学考试。考试时，略懂用兵之道的李明瑞受到主考官的赏识，顺利地进入讲武堂第一期甲班（炮科），实现了心中夙愿。这年，李明瑞22岁。

同期的讲武堂同学里，还有几位广西同乡：凌云县岑建英，乙班步科；贵县（今贵港市）陈成钧，丙班骑科；扶南县（今扶绥县）钟毅，丁班工科。

几个同乡凑在一起，憧憬着即将开始的军校生活。李明瑞说起自己为什么选择学炮科：“入学前，我就想学炮科，如今算是如愿以偿了。我总想，我们中国科学技术落后，尝够了洋枪洋炮的苦头。我学炮科，也许能够学到外国先进的军事技术，为我所用，应该能对加强我国的军事实力起到很大的作用，那样就不再怕洋人的欺负了。”

钟毅点点头：“明瑞的话真有见地！”

“只可惜我们都不同班，要是能和裕生兄同一个班就好了。”陈成钧说道。李明瑞回答说：“我们不同班正好，可以分别学到不同的知识。我们广西落后，以后回去，就可以教好我们广西的兵了，这不正是两全其美吗？”

岑建英赞同李明瑞的观点：“以后我们老乡要

互相学习，把科科都学好。”

此后，李明瑞便和他们几个成了亲密的学友。

滇军讲武堂韶州分校，是当时国内一所比较进步的军校，为全国讲武堂之佼佼者。它是孙中山先生任广州军政府大元帅时，由滇军总司令李根源创办的，其目标是培养中、下级军官，毕业后直接派往各地军中任职。该校设备精良，师资雄厚，教官多是日本陆军大学和士官学校的毕业生，共设步科、骑科、炮科、工科、辎科、重科 6 科。

入学的第二天，首届 200 名学员集合在讲武堂门前的校场上，听总司令李根源训话。所有的军官、教员及全体学员都穿着崭新的滇军军服，头戴的草绿色高檐帽上，镶着一条红布带，腿缠绑带，脚踏布鞋，整齐而威武。

上午 9 时许，李根源在军官、教员的簇拥下，登上讲台。他操着一口云南话，声音洪亮，一席“坚忍刻苦，为国牺牲”简短而有力的训词，令在场的军官、教员和学生激动不已。

接着，为期 3 个月的新兵教育课开始了。这个教育课有八大典范条令。教官实施的是地地道道的日本武士道式的训练方法，教条死板，命令如铁，军纪如山，每天的军事训练极为严格，很少歇息。一天下来，所有学员都腰酸腿痛，伤肿难耐。学员动作稍有不妥，便被教官呵斥，甚至打耳光、关禁闭，直到开除。大家都称这种新兵教育课为“脱胎换骨课”。幸亏李明瑞有一副强壮的体格和较好的武术功底，所以还能应付自如，没受什么皮肉之苦，顺利地闯过了头3个月，正式进入炮科课程的专业阶段。

炮科共设四大教程：战术、兵器、筑城、地形。凡国内外所有五花八门的炮类，都要精通其原理、构造、用途；实物教学时，个个蒙上眼睛，对它们拆散、安装，直到滚瓜烂熟为止，然后进行校准、组合、摆设……李明瑞对炮科学习的兴趣日渐加深，坚忍刻苦地学习，甚至到了如痴如醉的程度。

通过学习，李明瑞逐渐懂得，与先进的科学技术相比，个人的武功在战场上能够发挥的作用实在是太小了。大炮“轰隆”一声，弹花遍地，威力无比，无论多么优秀的拳师，碰上它都会粉身碎骨。但为了能在日后的肉搏战中取胜，他并没有放弃武功的修炼，每当夜深人静的时候，他就来到讲武堂门前的校场，舞棒练枪，打熬筋骨。

在紧张的学习中，李明瑞关心政治，关心时局，对于当时中国军阀割据、四分五裂的局面忧心如焚。他对孙中山领导下的，热情宣传科学、宣扬资产阶级民主思想的《民报》爱不释手，每期必读。

胸怀习武救国的壮志，他开始有系统地研究《孙子兵法》《六韬》《三略》等中国古典军事著作；对当时介绍到中国的一些外国军事名人传记及其学术著作，也很感兴趣，尤其崇拜靠大炮发迹的拿破仑。

李明瑞的勤奋好学，在讲武堂是出了名的。他有一个用来装衣物的小木箱，里面塞满了大大小小几十本笔记。这些笔记本，既有课堂笔记，也有课外读书的心得体会和摘抄。不懈地勤学苦练，使李明瑞成了学员中的佼佼者，文武兼优，受到教官的赞扬和器重。

1920 年 6 月的一天早上，讲武堂校场上人山人海，讲武堂师生和很多韶州市民都到校场来观看发炮试验。这是炮科毕业生的必考项目。

发炮试验开始了，学生们一个个都笔直地挺立着，等候教官点名应试。一发发炮弹不断命中目标，校场上空不时传来阵阵热烈的喝彩声和鼓掌声。掌声刚止，教官用高亢的声调喊道："李明瑞！"

"有！"李明瑞从队列中大步走到山炮旁边。他身材魁梧，脸色白皙，眉目清秀，军装笔挺，显得格外英俊威武。

"预备——"教官发出号令。李明瑞不慌不忙地校正好目标。片刻，教官又高喊："放！"话音未落，便听得"轰"的一声，炮弹"嗖"地飞射而去。紧接着又是"轰""轰"两声，第2枚、第3枚炮弹在呼啸声中相继飞向目标。

教官大声宣布："全命中啦！三炮命中！李明瑞炮试成绩优秀！"人群中随即爆发出雷鸣般的掌声和喝彩声，经久不息。

7月，李明瑞从讲武堂毕业，获得优等生奖状，随后被分配到广东江门镇守使署当军事教练。由于他教习有方，成绩显著，不久后就被调到驻肇

庆的桂系护国军林虎部蒋琦营俞作柏连任排长。

不久，表弟俞作豫也从燕塘讲武堂毕业分配到这个连。从此，3 个表兄弟朝夕与共，结成患难袍泽。

剿匪“讨贼”

李明瑞到护国军当了排长不久，粤桂战争就爆发了。

当时的中国，处在军阀割据的局面。控制着两广地区的桂军与粤军矛盾逐步加深，双方于 1920 年 8 月爆发战争。李明瑞和俞氏兄弟随林虎部参加了与粤军争夺淡水的战斗。桂军失败后，撤回广西，俞作柏率部驻防玉林。

1921 年 1 月，林虎部改编为广西边防军第 1 路军，俞作柏连编入第 1 支队。6 月，粤军再次向桂军发起进攻，第二次粤桂战争爆发。在形势不利的情况下，桂军内部发生分裂，沈鸿英宣布广西自治，与粤军接洽合作，各地桂军为求自保，也宣布脱离陆荣廷的指挥。8月，粤军占领南宁、龙州，陆荣廷流亡上海。

桂系再次失败后，在护国军第2军第5旅担任营长的李宗仁，决定接受粤军的收编。他集中了十几个连队，成立了粤桂边防军第3路军，自任总司令，退守玉林地区，俞作柏担任该部第1支队第1营营长，李明瑞升任连长，俞作豫升任排长。粤军退出广西后，李宗仁将所部番号改为广西自治军第2军，宣布实行“玉林自治，保境安民”。

李明瑞从良好的愿望出发，希望依靠武力，在广西打出一个统一的局面，让人民得以安居乐业。因此，每有战事，李明瑞无不奋勇当先，很快成了远近闻名的“胆包天”。

一天9时许，李宗仁接到报告：有二三十个土匪正在攻打玉林县城郊的州佩村。光天化日之下，竟有土匪扰民，实在是太猖狂了！李宗仁派李明瑞去剿匪。他是北流人，对本地的情况比较熟悉。

李明瑞接到命令后，便和俞作豫、林先荣两位排长带领50多人，迅速赶到州佩村，将土匪包围起来。

州佩村是玉林城郊比较富足的大村，几个大户人家财力丰厚，惹得土匪眼红。这天，土匪们一大早就来了，但遭到村民们的联手抵抗，没有抢到什么东西，所以拖到9点多还没有撤退。

土匪虽然不是正规军，但与之作战也不能草率行事。李明瑞下令压缩包围圈，官兵们一个田垌一个田垌、一间民房一间民房地不断向内压缩，逐渐接近了土匪抢劫的地方。

队伍找到掩体隐蔽好后，李明瑞带着卫兵摸到村巷里仔细观察。只见一个中年妇女哭哭啼啼地从村里跑了出来，看见他们后，呼喊道："救命呀，长官！我的男人被他们绑起来，财物也被抢光了。你们快去救呀，土匪快逃跑了，快去追呀！"

李明瑞问明了情况，对她略作安慰后，把手猛地一挥，士兵们立刻向土匪抢劫的地方冲去。这时，几个土匪正背着几个大包袱，牵着一头牛，从一处院子走出来。"嗒嗒嗒……"一排子弹射出，前面两个土匪被撂倒，后面的土匪见势不妙，急忙退了回去，妄图负隅顽抗。

匪徒们从房顶、窗口、门缝向外疯狂扫射，李明瑞命令队伍分散去包围。俞作豫向李明瑞报告：“右边房内的土匪已经全部被消灭！”话音刚落，“啪啪”，突然从左边房子的楼上打出两枪，幸好李明瑞站在墙角，未被击中。

这座大房子是乡民为了防御土匪所建的炮楼，开有射击孔，易守难攻，这次却被土匪占据。此时，所有剩余的土匪都被压缩到里面了。

李明瑞马上命令 1 排作掩护，自己带领 2 排战士冲了进去。土匪见状，纷纷跑上楼去，不断向下打枪。士兵们冲了几次，都没有成功，还牺牲了 2 人。

为了查明匪情，李明瑞下令停止射击，撤到暗处埋伏。他对俞作豫耳语一阵，便匆匆离开了。

半个钟头过去了，还不见李明瑞下命令，士兵们等得有些不耐烦了，都想一下子冲上楼去，消灭土匪。可是没有命令，谁也不敢擅自行动，只好继续待命。

突然，枪声大作，楼里的土匪们疯狂地叫喊起来。俞作豫探头一看，只见李明瑞和 3 个士兵每人用长竹竿支着一顶军帽，从楼下沿着楼梯口慢慢地向上撑。匪徒们突然看到上升的军帽，一时弄不清冲进来多少人，慌乱中，朝着军帽和楼梯口乱打枪。

李明瑞丝毫不为所动，继续沉着冷静地观察着楼上的动静。过了一阵子，枪声停止了，楼上也没了走动的脚步声。但左等右等，也不见一个土匪冲下来。

凭着军人的职业敏感和以往的作战经验，李明瑞料定匪徒们已经没有子弹了。他一个箭步冲上楼去，用驳壳枪指着土匪们大喝一声：“举起手来！大军已经把你们包围了，还不赶快缴枪投降！”楼上的土匪见李明瑞雄赳赳地站在他们面前，又听到下面惊天动地的喊声，不知“大军”有多少人，个个吓得面如土色，浑身发抖。

李明瑞又喝道：“我劝你们赶快投降，给自己留一条活路！”土匪头目战战兢兢地举起手来，说：“我们缴枪，我们缴枪！”其余土匪见状，也乖乖地放下了武器，叩头求饶。

把土匪们押下楼后，李明瑞对他们进行了简短的审讯。他们把抢来的财物退还了出来，把抓来的乡民也释放了。李明瑞特地放走了一个土匪，对他厉声说道：“回去告诉你们的头头‘烂豆腐’，叫他带领你们所有人投案自首，弃恶从善，否则叫你们全部上西天！”

那个土匪应了一声，便飞也似的跑走了。不久，“烂豆腐”这股土匪果然前来接受“招安”了。

中午，李明瑞率领士兵押着20多个土匪回到了司令部。士兵们七嘴八舌地向李宗仁和其他长官汇报李明瑞智擒土匪的经过，都说李明瑞“浑身是胆”。

李明瑞首次在玉林剿匪取得完胜，令当地土匪闻风丧胆。以后凡有艰巨的剿匪任务，李宗仁都派李明瑞带队去。1922年，李明瑞升任营长。

1922年6月，原粤军总司令陈炯明背叛孙中山，发动武装叛乱，占领广州。1923年1月，陈炯明被服从于孙中山的滇、桂军队逐出广州，率部退守东江。2月，孙中山从上海回到广州；3月设立名为“陆海军大元帅大本营”的广州革命政府，以大元帅的名义统率各军，综理政务。

面对广东革命局势发生的新变化，俞作柏和

李明瑞认为，李宗仁实行“玉林自治”，这种事实上的保持中立，实际上等于作茧自缚，难以有所发展。二人商议后，决定和第 3 团团长黄绍竑一起脱离李宗仁，投归孙中山先生。

3 月下旬的一个早上，时任少校团副的俞作柏率领一支队伍，以到容县接防黄绍竑团的名义，从兴业县开出。这支队伍是俞作柏手下的 3 个营，营长分别是李明瑞、林竹舫、刘志忠。

当队伍开到新地圩时，林竹舫、刘志忠才知道此行的真正意图。他们二人都不同意这么做，单独把所属部队开回岑溪去了。俞作柏让李明瑞赶回岑溪，力劝他们一起行动。

李明瑞赶回岑溪，找到林、刘。二人愤愤地说：“我们不愿干这种叛变长官的事，你别多费口舌了！”李明瑞平静地说：“这怎么能说是叛变行为呢？我们是去投靠孙中山大本营的。当今最大的豪杰，除了孙中山，还有谁？我们的行动是光明磊落的。当初，我们跟李司令接受陈炯明的收编，后来又树起自治军的旗号，又是叛变谁呢？”

李明瑞一番理直气壮的话语，说得二人无言

以对。但他们仍然无动于衷，反以强硬的口气说：“我们就是不去，要动干戈就明说！”李明瑞见他们如此说，便哈哈大笑道：“路，各人选择，所谓人各有志，我们都是兄弟，何必自相残杀呢？两位兄弟，后会有期，告辞了。”说罢，上马挥鞭，追赶俞作柏往梧州戎圩去了。

6 月，黄绍竑被孙中山委任为广西讨贼军第 1 军军长（后改为广西讨贼军总指挥），并和粤军约定日期一起夺取梧州，并草拟了军事计划，上报孙中山。俞作柏和李明瑞、俞作豫得知消息后，抓紧时间进行起义的准备。

“那我们从今天起，就在孙大元帅的旗帜下了！”

“是啊！”俞作柏也很兴奋，但他随即又冷静地说，“但现在我们还不能马上公开树起旗帜！”

“这我明白，不过我们终于走对了！”李明瑞不胜感慨。

7 月中旬，起义如期举行。李明瑞率部和其他兄弟部队一起，一夜之间便将旧桂系军阀沈鸿英驻戎圩的 1 个旅消灭，俘虏六七百人，缴获了大批武器。

接着，李明瑞率部突进西江，截断沈鸿英的退路，沈率残部逃往贺县、平乐一带，全军溃散。

广西讨贼军占领梧州，成立了指挥部，俞作柏为第 1 团团长，李明瑞为第 1 团 1 营营长。一直在玉林观望的李宗仁，看见时机已到，也打出“广西定桂军”的旗号，与广州孙中山大元帅府建立联系。不久，两军在统一广西的斗争中联合起来，统称“定桂讨贼军”。他们在孙中山的旗帜和粤军的支持下，征讨陆荣廷、沈鸿英残部，驱逐滇军唐继尧、龙云部，历时 2 年 9 个月，统一了广西。

李明瑞由于作战勇敢，屡立战功，广西战事结束后，即擢升为团长，时年 27 岁。

南征扬名

1924 年年初，第一次国共合作正式形成，中国革命出现了大好形势。但是散居地方的大小军阀仍在各地作威作福，兴风作浪。1925 年 2 月至 4 月，广东革命政府讨伐陈炯明，取得第一次东征的胜利，并平定滇军杨希闵部和桂军刘震寰部的叛乱。7 月，广州国民政府成立。

广州国民政府成立不久，广东南路“八属联军总指挥”邓本殷叛变，企图配合陈炯明推翻广州国民政府。邓本殷部来势汹汹，以数万兵力进犯广东的高要、江门、两阳诸地，从粤西方面配合陈炯明夹击广州，形势十分严峻。

为消灭广东军阀势力，国民政府决定在实施第二次东征的同时，举行南征。以俞作柏为司令的第 1 纵队作为南征军第 3 路，由广西左江出发，开往广东高州，进攻邓本殷部。

俞作柏部经玉林、陆川进入广东，向化县开进。不料，途经合江圩时，遭敌军数百人阻击。李明瑞率纵队第 3 团奋力猛攻，把还未站稳脚跟的敌军打得落花流水。合江一失，化县守敌望风而逃。

盘踞在高州的邓本殷，得知化县已失后，日

夜加固城防，层层布哨，步步设卡，并派陈凤起部1000余人在城东南高地布防，以阻击李明瑞攻城。

李明瑞率部进抵高州城外阵地不远处，敌人慌忙放起枪来，并呐喊壮胆。李明瑞登高观察，判断出敌指挥官缺乏军事战术素养，士兵缺乏训练，纪律松弛。敌人的工事也是临时构筑，还没来得及设置障碍物。

李明瑞果断命令各营展开，以散兵队形挺进。部队前进到敌人射击死角时，李明瑞即令整理队形，迅速跃上山腰，开枪扫射。在突如其来的攻击下，守敌乱作一团，丢弃阵地逃入高州城内。

占领俯瞰高州的城外高地后，南征军官兵跃跃欲试，准备攻城。但是高州城墙高且坚固，西北临水，东南依山，形势险要，敌人防备森严，不易迅速攻取。李明瑞手下没有炮兵，弹药也不甚充足，拿下高州并不是一件轻而易举的事情。

就在李明瑞苦思攻城之策的当口儿，敌人获得了一个喘息的机会，并于次日拂晓突然开城反攻。

天刚蒙蒙亮，城内敌人便悄悄打开城门，黑

压压地冲出三支人马，沿东南方向的各个路口奔袭而来。隐蔽于高处的李明瑞，见敌人一个个都落入了圈套，便命令部队从路边沟里、林下山角、拐弯石背等处杀将出来。敌我双方在城外展开肉搏战，1000多人互相厮杀，声震山谷，烟尘滚滚。李明瑞身先士卒，挥刀猛进，刀枪并用，将敌人杀得人仰马翻。双方拼杀了半个上午，敌人伤亡过半，残部退回城内。

从中午起，陈凤起又实施了几次突围，但大部被消灭，逃回城中的屈指可数。他气坏了，咬牙切齿地骂道："待我抓得你李明瑞回来，不剁成肉酱我不姓陈！"李明瑞以1个团的兵力，歼灭3倍之敌，大大鼓舞了南征军士气。

晚饭后，俞作柏、李明瑞等人正在研究敌情时，得到一个重要情报：距离高州30多里的石鼓村，有从前线败退下来的邓本殷部主力右翼苏廷有残部数千人在宿营，观察其动向，应该是准备来袭击俞作柏部侧后，救援陈凤起的。

俞作柏和李明瑞等人商议：苏廷有是邓本殷手下的一员猛将，虽然败退下来，但尚有数千之众，若与城内陈凤起部夹击我军，敌众我寡，我军处境很危险，应出其不意，先发制敌。决定由李明瑞率第3团，于当晚赴石鼓村袭击敌人。

李明瑞领命后，率1营、2营出发，余部由俞作柏亲自指挥，预防城内敌人反攻。

石鼓村，位于鉴江东侧拐弯处的山岭中。白天几次反击陈凤起突围的官兵们，已经十分劳累，现在又星夜奔驰在崎岖起伏的山道上，加上秋夜寒凉，有的士兵腿脚都开始打战了。李明瑞对这一带比较熟悉，一直在前头精神昂扬地领着队伍，士兵们见团长如此，都加紧了脚步，谁也不肯落伍半步。

两个钟头后，点点火光出现在远处。这些火光在不断地闪动，但并没有移动，还不时可以听到从石鼓村中传来猪被宰杀时的嚎叫声。李明瑞判断，这是敌兵在埋锅做饭。他立即作出战斗部署，命令1营、2营分两翼前进，乘敌人正在吃饭，杀将过去，打他一个措手不及。他还特别交代说："大家要注意，一枪不准虚发！"

苏廷有残部疲惫不堪，由于人多，石鼓村里

住不下，大部分被拉到村外田地里宿营。吃饱了饭的士兵，东倒西歪，呼呼呼地睡着了；贪吃的，还在三三两两地把抢来的鸡鸭吊在火上烤着；有的在捧着酒壶划拳猜码；有的则在熊熊的火光下，扒开衣服找虱子……

突然，一声枪响过后，四面八方响起喊杀震天的声浪，冲破了宁静的夜空。敌军立即组织了抵抗，但很快不支，全线溃退。李明瑞抓住时机，迅速集结队伍追击，敌人溃不成军，四处逃散。战斗不到 40 分钟，敌人死伤近半，其余被俘虏。

战斗过程中，发生了一件有趣的事情。这次战斗，李明瑞没有留预备队，只是带着副官、卫兵、传令兵和号兵等十几个人，跟着队伍行进。途中，他拾了 1 支步枪，随手就交给身边的一个人。但有人突然发现，接枪的人背后的斗笠上写有“右翼军”3 个字，面目很生疏，问他姓什么，答姓张。又问:“你是哪个部队的?”答:“右翼军，和部队失去联络，就跟你们走。”再问:“你的指挥官是谁?”答:“苏廷有。”原来此人认错了队伍。把他的枪缴了之后，李明瑞派人将其送到了俘虏队。

事后，大家都替李明瑞捏了一把汗，副官和卫兵都向李明瑞请罪，他却幽默地说：“我们没有预备队，他就是我们的‘预备队’嘛！”听他这么一说，大家都轻松了。

平时总是被邓本殷竖起大拇指称赞“文韬武略”的苏廷有，只好被迫投降。他对李明瑞苦笑着说：“你不是在高州那边打陈凤起吗？真想不到你李明瑞用兵如此神速，打得这样狠辣，一下子就冲到我的指挥部来了，实在叫人防不胜防！”

李明瑞讥笑道：“这叫得道者昌，失道者亡！”

听说南征军痛击军阀，取得了胜利，石鼓及其邻近各村的民众拍手称快，纷纷扛着酒肉来慰劳南征军官兵。很多青年人找到李明瑞，要求入伍。

李明瑞和官兵们看到这种场面，非常感动。他兴奋地对大家说：“兄弟们，老百姓这样热烈拥护我们，还送子弟来投军，如果我们不为国为民英勇杀敌，能对得起他们吗？”

顿时，人群中响起嘹亮的口号声：“为国为民，奋斗到底！”

李明瑞大声命令："好，整装出发，赶回高州，消灭陈凤起！"

此时龟缩在高州城内的敌人，已经成了瓮中之鳖，天还没亮，就有很多人弃城而去了。等待苏廷有前来解围的陈凤起，等来的却是苏廷有被俘的消息。他将辎重之物全部毁弃，自己带着残兵败将逃跑了，高州城不攻自破。

当李明瑞下午率部进入高州时，受到了城内民众的夹道欢迎。

高州战役的胜利，有力地粉碎了邓本殷和陈炯明妄图颠覆广州国民政府的阴谋。李明瑞随俞作柏继续率部追击敌人，经廉江、合浦，直达钦州。在各路友军的相互配合下，对邓本殷的讨伐取得了完全胜利，敌人大部被歼灭，为两广的统一和北伐的顺利进军，打下了良好的基础。

李明瑞机智沉着，英勇善战，指挥有方，以少胜多，速战速决，日益引起全军上下的注目，人们不禁对他产生敬仰之情，他的英名也开始在国民革命军中传扬！

北伐建功

为消灭北洋军阀，国民政府统一两广后，在广州召开军事会议，部署北伐，决定将广西部队整编为国民革命军第 7 军。1926 年 3 月，李明瑞和俞作柏、俞作豫率部到南宁进行整编。

整编后的国民革命军第 7 军，由李宗仁任军长，黄绍竑任党代表。全军下设 2 个纵队，每个纵队辖 2 个旅，每个旅辖 2 个团。李明瑞担任第 2 旅旅长，辖俞作豫的第 3 团和李朝芳的第 4 团，归第 1 纵队（指挥官夏威）指挥。俞作柏因受李宗仁、白崇禧和黄绍竑的排挤，被剥夺了军权。

6 月下旬，李明瑞率第 2 旅随军部从桂林出发。随后，北伐军三路大军同时向湖南进军。以李明瑞旅为先锋的左翼部队，与友军密切配合，长驱直入，所向披靡，于 7 月 11 日占领长沙。

几天后，长沙各群众团体联合召开有 10 多万

人参加的北伐军光复长沙庆祝大会。

长沙各群众组织的代表首先讲话，表达了对北伐军的热烈欢迎，预祝北伐革命取得彻底胜利。接着，是叶挺将军代表第 4 军讲话。叶挺率独立团首先攻下攸县，为光复长沙创造了极为有利的条件。

随后，轮到李明瑞讲话。只见他大踏步地走向主席台，高昂地说道：“这次北伐军光复长沙，首战告捷，多得湖南工农群众的大力援助，我代表第 7 军向湖南的广大民众表示衷心感谢！”

这时，热烈的掌声打断了他的话。掌声刚停，李明瑞又继续说：“国民革命是大有前途的，北洋军阀一定会被打倒！今后，我们要继续依靠广大民众的支持，把革命进行到底！”

他的话音刚落，全场响起雷鸣般的掌声，经久不息。

北洋直系军阀吴佩孚起初没把区区几万人的北伐军放在眼里，直到北伐军占领长沙、威胁武汉时，他才慌了手脚，匆忙部署保卫武汉的 3 道防线：第一道是汨罗江，第二道是汀泗桥，第三道是贺胜桥。吴佩孚自以为只要守住这 3 处要地，武汉就能固若金汤。但令他万万没有想到的是，北伐军在自己援军南下之前，抢渡了汨罗江。

北伐军兵分三路，突破敌汨罗江防线后，直捣吴佩孚设置的第二道防线——汀泗桥。第 7 军除派小部兵力配合叶挺独立团攻打汀泗桥外，李明瑞旅等主力则向东北奋力追击，兵锋直指贺胜桥。8 月 27 日，第 4 军攻下汀泗桥。

汀泗桥失守后，吴佩孚亲自率领精锐刘玉春、陈德麟、张占鳌、靳云鹗等部数万人南下增援。他自认为武器精良，防御工事坚固，狂言："昔以汀泗桥一战而定鄂，今以贺胜桥一战而定天下。"

吴佩孚在贺胜桥部署的各路人马兵力不下 10 万，装备有铁甲车、山炮、野战炮和重机枪，兵力是北伐军第 4 军、第 7 军的数倍。

叶挺独立团在贺胜桥激战数日，未能得手。第 7 军赶到后，即由李明瑞旅增援第 4 军右翼。李明瑞接到命令后，带领手下两位团长仔细勘察了阵地。他分析说："敌人处于高处，居高临下，我军仰攻，自然困难。现在我们若从正面增援独立团，也难以攻下，必须从右翼避过敌人的火力，抄到敌侧后，给他狠狠一击，方为上策，你们看如何？”

俞作豫、李朝芳立即表示同意。李明瑞继续说：“这是北伐关键的一仗，必须打好，即使牺牲了也光荣，一定不惜代价攻下贺胜桥！”他下令：第 3 团直插敌人侧后；第 4 团沿独立团右翼展开，既掩护正面攻击，又是进攻的预备队。俞、李领命，立即进行部署。

星夜里，俞作豫率领第 3 团，摸黑迂回前进至敌侧背，突然发动猛烈攻击。李明瑞听到枪声大作，立即和李朝芳率领第 4 团向敌人正面压了过去。叶挺独立团也从正面加强进攻，其他部队也同时向敌人发起总攻。敌人受到腹背夹击，死守顽抗，双方展开激烈搏斗，都伤亡惨重。

这时，敌人抽出几千精锐，向贺胜桥南端的第 4 军黄琪翔团猛扑，企图由此处突破北伐军阵地。李明瑞见情势危急，亲率第 4 团向黄琪翔团方向增援。

北伐军士气旺盛，英勇拼杀，终于将吴佩孚

所谓的“王牌军”“常胜军”彻底打垮，占领贺胜桥，突破了吴佩孚的最后一道防线。吴佩孚见大势已去，仓皇跳上火车，向武昌逃去。

北伐军总司令蒋介石指挥的北伐军第 1 军、第 2 军、第 3 军、第 6 军，在江西遭到苏、浙、皖、闽、赣“五省联军总司令”孙传芳 20 万北洋军的抵抗，向第 7 军求援。

9 月底，第 7 军与孙传芳精锐谢鸿勋师在箬溪发生激烈战斗，虽经多次冲击，但均被敌人火力压退，伤亡数百人。李明瑞见状，向李宗仁建议，由第 2 旅迂回至敌侧背，直接攻击其指挥部。

这天黄昏时分，第 7 军大部再次开始从正面向箬溪守敌发动猛烈进攻。双方激战正酣，突然密集的枪声在敌方右翼后方响起，李明瑞旅的攻击使敌人的防御失去了章法，正面防守的火力大大减弱。李宗仁急令全军发起攻击，一时间，喊杀声四起，敌人阵脚大乱，只得夺路而逃，很快全军覆没。

李宗仁后来回忆这场战斗时，充满激情地说：“炮火正密之际，我李旅忽自敌人右翼后方出现。

全旅如一只铁臂，以狂风暴雨之势，压向敌人后方，自右而左。敌阵线立即动摇。正面我军闻敌后有枪炮声，知李旅已完成任务，乃全线呐喊冲杀，敌遂全面崩溃，夺路而逃。谢鸿勋的指挥部原设于敌阵后数间茅屋内。当李旅冲入时，其中鸦片烟灯犹明，文电狼藉，官佐或毙或俘，极少漏网。谢军两万人无路可逃，多数图泅渡修水，浪急人多，河中人头滚滚，逐波而逝，蔚成奇观。一度混战之后，敌军遗尸遍野，俘虏万人。……敌军主将谢鸿勋因负重伤，……后至上海，卒因伤重而死。”

这次大战，李明瑞旅缴获敌大炮 8 门、机关枪 10 余挺、重机枪 10 余挺、步枪 2000 余支。李宗仁夸赞李明瑞是智勇双全的“虎将”。

箬溪大捷之后，为切断南北敌人的联系，缓解南昌一带友军的压力，第 7 军一鼓作气，向德安进攻。德安城南有九仙岭、金鸡山互相拱卫；城西门外有岛石门、箬山垄等冈峦。孙传芳的 4 个旅在卢香亭的指挥下，占据这些山头、冈峦，又在城外铁路西侧高地构筑工事，另有铁甲车数十辆，居高临下，以逸待劳。

10月3日黎明，军号齐鸣，第7军各部分头并进，以迅捷之势，向敌人猛扑，敌人抵挡不住，退到山上，十几门山炮、数十挺机枪一齐向第7军射击。第7军官兵像在风雨雷电交加中的山林树木，一排排地倒下去，死伤遍地，但全体官兵前仆后继，毫不退缩。

战至下午，第7军有9位营长阵亡。稍事休整后，第7军加强了炮火攻击，左右两翼同时配合发起进攻。敌人的铁甲车在南浔铁路上来回移动，车载机枪不断喷射着火舌，北伐军阵地前尘土飞扬，士兵们抬不起头。李明瑞来到炮兵阵地，亲自操炮。他测好距离后，猛发三炮，敌人的一辆铁甲车被击翻在地，冒着浓烟燃烧起来。

李明瑞离开炮座，大吼一声："冲啊！"全旅官兵蜂拥而上，敌人丢盔弃甲，往城里逃窜。炮火纷飞中，第4团某连首先突入西门，其余部队随后鱼贯而入。城内杀声震天，敌人心惊胆战。正面之敌见后院起火，军心大乱，向吴城方向逃去。李明瑞率部继续追击逃敌，缴获枪千余支。

第7军占领德安后，蒋介石给李宗仁发来嘉

勉电："欣悉德安克复，逆敌击溃。此次孙逆全力来犯，主力皆在德安、九江一带，今为贵部完全击破，以后敌必闻风胆落，赣局指日可定，吾兄及诸将士不避艰难，达成任务，其勋劳非可言喻。请先为我奖勉慰藉，再请政府特别奖叙也。"

孙传芳丢掉德安，心有不甘，又命令江北陈调元部 3 个师自箬溪北 30 里的王家铺反扑而来。为避免陷入重围，第 7 军决定先退出德安，待消灭王家铺之敌后，再回攻德安。

10 月 12 日，双方遭遇后发生激战，敌且战且退，第 7 军一直追到王家铺。战至傍晚，第 7 军在友军配合下，终于将敌人完全击溃，缴获大量武器弹药。

为了进一步肃清江西的敌人，李宗仁指挥第 4 军、第 7 军和独立第 2 师，于 11 月 2 日向德安守军发起总攻。经 4 小时激战，攻占孙军的高山阵地，敌人逃往吴城。李明瑞不顾连日征战疲劳，率部乘胜追击。吴城之敌听说李明瑞率部追来，闻风丧胆，缴械投降。

北伐军二度占领德安后，于 11 月上旬又相继攻取九江、南昌，孙传芳战败，退出江西。1927年3月，北伐军击败孙传芳军和直鲁联军，攻占镇江、南京。

第7军进入江西以来，连续取得箬溪、德安、王家铺三战三捷的胜利，能征善战的李明瑞旅为第7军赢得“钢军”的称号。第7军在九江进行了整训，旅改编为师，李明瑞升任第1师师长。1927年上半年，李明瑞率部攻入安徽，占领凤阳、蚌埠等地。

1927年7月下旬，退到山东腹地的孙传芳、张宗昌部，乘国民政府宁汉纷争之机，举行反攻。南京政府军兵败徐州，总司令蒋介石被迫下野，主力退守长江南岸。8月下旬，孙传芳部在浦口等处偷渡长江，占领南京外围龙潭车站、栖霞车站及附近高地。北伐军随即实施攻击，第7军在南京以西迅速展开，蒋系第1军各部也从镇江向西开进。

占据栖霞山高地的孙军，为掩护后续部队渡江，进行了顽强的抵抗。第7军在栖霞山西侧一线，向敌人发起总攻，双方展开激烈的争夺战。

李明瑞看到正面强攻不利，便派一个加强连

绕道山后小路，袭击敌人左侧背。敌人被打得措手不及，慌作一团，李明瑞抓住时机，亲自开炮，轰击山上敌人阵地，全师奋勇冲杀，一举夺取栖霞山，全歼守敌，缴获重机枪 20 余挺、步枪 1000 多支。

栖霞山激战之际，孙传芳部又相继攻占青龙山、黄龙山和龙潭车站，进逼南京城。

龙潭车站是交通枢纽、军事要地，盘踞在这里的敌军约有 1 万人。8 月 30 日拂晓，南京政府军全线反攻。第 7 军第 1 师、第 3 师和第 19 军第 1 师、第 2 师，自栖霞山向东沿铁路及江边前进，进攻龙潭镇和青龙山、黄龙山敌军阵地；第 1 军第 2 师、第 22 师、第 14 师一部，自东阳镇出发，会攻龙潭。

李明瑞受领任务后，作了周密布置：以主力第 19 团、第 20 团担任主攻，由黄龙山西麓进击；第 21 团派出 2 个连，由黄龙山南麓进击；第 3 团派出 1 个加强营，向龙潭车站攻击前进，该团其余主力沿小河由铁路向北延伸约 500 米，相机渡河，攻击东岸一带的敌人，并与左翼部队保持联系；第 21 团主力担任预备队，并掩护炮兵营的安全。

攻击开始后，第 19 团、第 20 团连续两天强攻黄龙山受挫，第 3 团加强营进攻车站也遭遇较大伤亡。李明瑞调整了战斗部署，并发挥其专业特长，对火炮攻击的射程和落点进行校正。炮兵营 8 门大炮一番齐射，将敌人主阵地摧毁后，主攻部队跃出前沿，迅速将敌人击溃。

第 7 军占领黄龙山后，第 19 军也攻下青龙山，第 3 团加强营抓住时机，一举攻克龙潭车站。中午，第 7 军与友军把敌人追逼至长江南岸，将其彻底消灭，孙传芳登艇逃走。

龙潭之战，是北伐战争的关键性战役。经此一役，李明瑞成为名扬全国的北伐“虎将”。

03

铁心革命

主政广西

1927年4月，蒋介石悍然发动四一二反革命政变，大肆搜捕、屠杀共产党人、革命分子和工农群众，镇压革命运动。

在一片“清党”反共的白色恐怖声中，李明瑞亲身经历的几件事，对他的思想震动很大。一是俞作柏被新桂系李宗仁、黄绍竑等人排挤出北伐军后，出任中央军事政治学校广西分校校长和省党部农民部部长、省农工厅厅长。他利用职权之便，支持工农学生运动，被黄绍竑宣布开除国民党党籍，被迫出走香港。二是在其手下任过团长、战功卓著的俞作豫，由于受兄长俞作柏的牵连，无端遭到白崇禧的打击和排挤，愤然离队，在香港加入中国共产党，后来回到家乡北流县开展革命工作。三是他的私人秘书、共产党员姜祖武以及其他在李明瑞部工作的共产党员，都被迫离队。

这几件事使李明瑞进一步认识到新军阀背弃三民主义、以人民为敌的反动本质，他们之所以参加北伐，只不过是以新军阀利益取代旧军阀统治，其实是换汤不换药。在栖霞山战斗和龙潭战役中，时任守卫南京总指挥官的何应钦，在强敌压境之下，惊慌失措，贪生怕死，这更使李明瑞看透了新军阀们的丑恶嘴脸和反动实质，一股要求摆脱新军阀桎梏，另谋出路的强烈愿望，在心中迸发而出。但由于条件还不成熟，他只能忍辱负重，等待时机。

这时，蒋介石想利用新桂系将领之间的矛盾，策反李明瑞和俞作柏倒戈，于是派人分别前去拉拢，许诺“倒桂”成功之后给予李、俞二人高官厚禄。

俞作柏与香港中共组织来往密切，还加入中共外围组织“中华革命行动委员会”。他把这一情况向香港中共组织作了汇报，香港中共组织认为俞、李回广西主政，有利于革命力量在广西的进一步发展。李明瑞经与俞作柏商议，决定将计就计，利用蒋介石的势力“倒桂”，然后伺机“反蒋”。

1928 年秋，李明瑞开启“省亲”之旅，从武汉来到香港，与俞作柏商妥“倒桂反蒋”大计后，回到家乡北流。

在北流县城，李明瑞与时任中共北流县委书记俞作豫秘密见面。表兄弟促膝长谈，决定利用正在酝酿中的蒋桂战争实施“倒桂”。

1929 年 3 月 26 日，第一次蒋桂战争爆发。事有凑巧，桂军总指挥夏威患病，由李明瑞代理指挥。李明瑞在黄陂一线阵地召集各部将领开会，宣布把部队带到安全地带，脱离新桂系，不参加这场“狗咬狗的肮脏战争”，并发出“倒桂”通电。

李明瑞素有威望，他的霹雳一声宣告倒戈，全军震动，士无斗志，号称拥有 14 万兵力的新桂系第 4 集团军顷刻土崩瓦解。

随后，俞作柏、李明瑞打着蒋介石的旗号回到广西。俞作柏就任广西省政府主席，李明瑞就任广西编遣分区办事处主任、编遣特派员、绥靖司令兼第15师师长。他们很快击溃桂系军队残余，共同主政广西。

此时的广西，由于连年征战，财政入不敷出，还受到蒋介石的干扰和监视，治理步履非常艰难。李明瑞、俞作柏深知，治理好广西的当务之急，是与志同道合、可靠的同盟军携手合作。而除了他们在香港时约请共产党派遣的人员已经陆续到达外，中共中央直接派来协助他们工作的代表也于9月来到南宁。

这位代表就是邓小平。他当时化名邓斌，到达南宁后，很快就见到了李明瑞和俞作柏。邓小平热情诚恳、平易近人，给李明瑞留下了深刻的印象。李明瑞虽比邓小平年长几岁，但他对这位谈吐不凡的中共中央代表特别尊敬。

会面时，他认真听取了邓小平对时局的精辟分析。邓小平对中国共产党方针政策深入浅出、言简意赅的解释，以及对中国革命前途种种令人折服的分析和预见，使李明瑞对中国共产党有了更深一层的认识和了解。

在李明瑞的提议和允许下，共产党人张云逸、陈豪人、袁任远、李谦、冯达飞、袁振武等，先后进入广西工作，有的还被安排在省政府和军队中担任要职。张云逸、俞作豫分别担任了广西警备第4大队、第5大队大队长等职务。这两支队伍，日后成为中共发动左右江武装起义的基本力量。

李明瑞视共产党人为挚友和知己，对他们提出的要求和意见，总是积极采纳，给予满足。他慨然接受中共建议，释放了“清党”中被关押的共产党员、共青团员和进步人士，果断处决了一批在四一二反革命政变中血债累累的反动分子。

他还热情支持工农群众运动和农民赤卫军的发展，对韦拔群领导的右江农军，更是全力提供帮助。当他得知右江农军的武器装备十分落后、生活非常艰苦时，对属下经理处长陈镜波说：“以后凡是拔哥（韦拔群）那里来的人，要枪给枪，要钱给钱，暂时没有的也要想办法给！”

李明瑞实行的这些进步政策和做法，为中国共产党在广西掌握武装、恢复党组织、发动群众、举行武装起义，创造了极为重要的有利条件。在当时全国白色恐怖十分严重的情况下，唯独广西出现了国民党政权与共产党合作的局面。

1929 年 8 月，汪精卫联合冯玉祥、阎锡山、唐生智等人反蒋；同时，对蒋介石心存不满的第 4 军军长张发奎率部沿湘桂线南下，准备到达广西后与李明瑞、俞作柏联合出兵进攻广州，驱逐亲蒋的陈济棠、陈铭枢。张发奎多次来电，催促李明瑞和俞作柏在广西早日树起反蒋旗帜，他还派部下薛岳师长亲自劝说二人参加讨蒋战争。与此同时，蒋介石也加紧了对俞、李二人的拉拢和胁迫，电邀俞作柏赴南京“商议大事”。

李明瑞和俞作柏思忖再三，认为反蒋已势如骑虎，于是决定参加反蒋。邓小平、俞作豫等人知道此事后，认为此时公开反蒋条件还不成熟，虽经与李明瑞、俞作柏面谈，但未能说动二人放弃反蒋计划。最后，为谨慎起见，俞作豫提出教导总队和警备第 4 大队、第 5 大队留守后方的方案，李明瑞同意了，并任命张云逸为南宁警备司令，保护藏有大批武器的军械局。

9 月 17 日，李明瑞和俞作柏向全国发出“反对独裁，实行民主，释放政治犯，贯彻‘三大政策’”的反蒋宣言，通电全国；10月1日，“讨蒋”誓师大会在南宁召开，宣布俞作柏为南路讨蒋军总司令，李明瑞为副总司令兼第一路指挥。

与此同时，张云逸接管省军械局后，用库存武器武装教导总队和警备第4大队、第5大队。讨蒋军出发后，第4大队、第5大队各1个营分别开到右江、左江地区，为建立革命根据地进行事先准备。

让俞作柏、李明瑞没有想到的是，手下将领吕焕炎、黄权和杨腾辉等，均已被蒋介石收买，讨蒋大军出发没几天，便传来各路反水的消息。李明瑞手中无兵可用，而李宗仁、白崇禧、黄绍竑已统率旧部，开始实施反扑。反蒋不战而败。

李明瑞、俞作柏回到南宁，作出决定：解散省政府机构和军事特派员公署，任命张云逸为右江百色清乡督办，俞作豫为广西全边对汛督办公署督办（驻龙州）；所余部队及总部直属各营，以及教导总队和警备第4大队、第5大队，统归张云逸指挥，所有枪支弹药、军用物资作战略转移，全部从南宁运往百色、龙州等地。

10月13日，李明瑞、俞作柏率警备第5大队离开南宁，乘船前往龙州。第二天，邓小平率中共广西特委和做秘密工作的同志乘船溯右江而上，向百色进发；张云逸率教导总队和警备第4大队沿右江从陆路掩护前进。

处于边关的龙州，是一座古木苍翠的山城。在这里，李明瑞将结束他的旧生活，并开启他的新生活！

边疆举义

李明瑞、俞作柏到达龙州后，经过商议，决定由俞作柏赴香港联络各方力量，筹集军械军饷（俞作柏到达香港后，筹饷工作无甚进展，滞留香港，未再返桂）。李明瑞和俞作豫对部队进行了整编：警备第5大队扩充为6个营，改番号为南路倒蒋军第5独立旅，由俞作豫任旅长，李明瑞任总指挥。对当地大小土匪剿抚兼施，改编成左江七县第1游击队、第2游击队、第3游击队，作为地方部队。这样，左江一度混乱的局势逐渐趋于稳定。

与此同时，俞作豫也按照中共组织的指示，在左江地区公开提出“打土豪，分田地”的口号，发动群众，为进行武装起义、开辟革命根据地做准备。当地革命武装不断扩大，农、工、妇、学各界工作搞得生机勃勃。

李明瑞看到左右江的形势发展很好，想要趁第二次粤桂战争爆发之机，和共产党一起率领部队共同攻打南宁，直捣桂系的老窝。他按捺不住急迫的心情，匆匆赶往百色，去见邓小平。

李明瑞向邓小平谈了他的想法。邓小平听后，对他痛恨军阀、反对军阀混战，想参加革命的急迫心情表示非常理解，但又感到他对革命的性质和如何革命等问题的认识还不大明确，于是耐心地说：“我党反对走军阀混战的老路，也不能单以军力对军力。我们搞革命，就是要发动、组织、依靠群众，建立巩固的革命根据地，以革命的武装反对反革命的武装。目前举兵南宁，时机未到，没有群众基础，军事力量也不足，队伍也未整顿好，仓促举兵，就会像上次反蒋那样，以失败而告终。”

邓小平一番中肯的话语，触动了李明瑞的心弦。他欲言又止。

邓小平继续说：“我党在大革命失败后，没有被吓倒，继续领导革命，举行了震动全国的南昌起义、秋收起义、广州起义，我们在左右江也打算这样做。右江的农民已经武装起来，也有群众基础，再做些准备，离举起义旗的日子为期不远了。”

这一番肺腑之言，拨开了李明瑞心中的迷雾，他不住地点头，紧锁的双眉逐渐舒展开。

最后，邓小平告诉李明瑞，已向中共中央请示报告，提请他来担任即将成立的红 7 军、红 8 军总指挥。李明瑞感受到了共产党对他的热忱和信任，表示坚决听从党的安排，鞠躬尽瘁，死而后已。于是，与张云逸等人一起商议举行百色起义、龙州起义，建立红 7 军、红 8 军等工作的有关细节。百色之行，李明瑞在思想上摆脱了军阀战争的桎梏，踏上了从事革命武装起义的新征途。

11 月 29 日，正当李明瑞刚刚返回龙州县境时，突然接到蒙志仁叛变的消息。蒙志仁原是桂系第 15 军吕焕炎师的营长，接受李明瑞招抚后仍任原职，后编入警备第 5 大队，任副大队长。此人是假意投诚，内心一直等待时机反水。他趁李明瑞去百色、俞作豫因事外出之时，率部哗变，占据了龙州。

龙州是发动起义、开辟左江革命根据地的枢纽，如不及时平定叛军，整个左右江武装起义计划将会受到严重破坏。李明瑞迅速布置平叛战斗任务，在俞作豫的配合下，一举粉碎蒙志仁的叛乱，收复了龙州县城。

李明瑞回到龙州后，立即写了入党申请书，郑重地交给俞作豫转呈邓小平和中共中央。他如饥似渴地学习革命理论，认真阅读《共产党宣言》《唯物史观浅说》等书籍。牺牲一切个人利益，跟着共产党走的决心愈加坚定。

完成百色起义部署工作的邓小平，动身去上海向中共中央汇报工作。他先来到龙州，和李明瑞进行了一次长谈，对龙州起义作了全面部署。

蒙志仁叛乱的教训，使李明瑞清醒地认识到：必须在思想和组织上对部队进行全面整顿，尤其要纯洁干部队伍。这是一项既艰巨又复杂的工作。

邓小平走后，李明瑞和俞作豫一道，夜以继日地开展了对警备第 5 大队的整顿改造工作。这支由军阀部队改编而来的部队，原是一群乌合之众，地痞流氓、恶霸土匪混在其中，吃喝嫖赌贪五毒俱全。虽经几个月的教育和改造，取得了一定的进步，但由于少数旧军官恶习难改，一有风吹草动，便沉渣泛起，危害革命，龙州叛乱就是明显的例子。

根据百色警备第 4 大队改造旧军队的经验，李明瑞在俞作豫等人的协助下，首先自下而上发动士兵群众，召开诉苦、揭发大会，把那些贪污公款、克扣士兵粮饷、打骂士兵的不法军官公之于众，当场宣布撤换，代之以共产党员和进步军官担任。同时，在部队中建立了士兵委员会，实行军事公开、财务公开、士兵平等制度。

在整顿过程中，李明瑞以身作则，不徇私情，对一些民愤极大的旧属亲信毫不怜惜、迁就。第 1 团团长何凤川是旧军官出身，依仗跟随李明瑞多年，又是同乡，肆行贪污腐化、营私舞弊，欺压下属、打骂士兵，在群众中影响极坏。在与俞作豫商议后，李明瑞毅然罢免了他的团长职务，派人将其押送出境，并委派共产党员袁振武担任第 1 团参谋长兼第 1 营营长。经过彻底整顿，第 5 大队面貌焕然一新，真正成为中国共产党领导下的一支可靠的工农革命武装。随着这支革命队伍的日益壮大，左江地区的农民运动蓬勃发展，一批县乡级革命政权建立起来，与正在开辟的右江革命根据地遥相呼应。

李明瑞加入革命行列，正如敌人所惊呼那样，使革命力量“如虎附翼”。慑于李明瑞的威名，蒋介石多次派心腹带着广西省主席、第 15 军军长的委任状和巨款向李明瑞及其亲属游说，并以“是非顺逆成败祸福，尚希熟筹”一语相胁迫。面对蒋介石的威逼利诱，李明瑞不为所动，断然拒绝。事后，他赋诗一首以表达参加革命的坚定决心：

高官厚禄视粪土，为民效劳堪清高。
革命志坚如磐石，愿作壮士抗浊流。

自从当兵上了战场，李明瑞早已把生死置之度外。但领导革命武装起义，肩上的责任更加艰巨，前进的道路更加艰险，他最为牵挂的是远在上海的妻儿。

李明瑞怀着愧疚的心情，提笔给妻子写了封信："我现在重任在身，不能回家探望、抚慰双亲、亲昵幼儿，是我心中的憾事。现在时局很不安定，也未能接你和孩子回广西来。我现在不是做官，而是替人民打工。你以后要独立生活，不要依赖我，你见字后，立即搬到租界去住，如有人送财物来给你，千万不要收纳，望你带好子女。让他们长大了孝顺你，我不能抚养他们了……以后，不要再寄信给我。"

12 月 11 日，广西警备第 4 大队、教导总队和右江农军等部 4000 余人在百色举行声势浩大的起义，宣告成立中国工农红军第 7 军，张云逸任军长，龚鹤村（龚楚）任参谋长，陈豪人任中共红

7 军前委书记兼政治部主任，下辖 3 个纵队和直属队。随后，部队向各地开进，军部直属队和第 2 纵队驻守百色，第 1 纵队驻守田东平马，第 3 纵队由韦拔群领导，在东兰、凤山打击土豪劣绅。

1930 年初春的百色，风和日丽，大地春回，木棉花含苞待放。李明瑞来到右江，与张云逸军长在平马镇会合。当晚，召开了一个简短、热烈的军民大会。张云逸首先说道：“党中央正式任命李明瑞同志为红 7 军、红 8 军总指挥，我们全体军民热烈欢迎李总指挥的到来。”全场响起热烈的掌声。

张云逸向大家扬了扬手，继续说：“李总指挥曾经是名扬全国的北伐军虎将，我们相信，在我党的领导下，他一定能够充分发挥军事才能，带领我们多打胜仗，扩大革命根据地，巩固工农民主政权。现在我们广大官兵都要服从命令，听从指挥，团结起来，打倒新老军阀，打倒国民党反动派！”

此时此刻，李明瑞心潮澎湃，激情满怀。他第一次受到根据地军民如此隆重的欢迎，感慨万千。他迅速整理好军容，恭恭敬敬地行了一个军礼后，大声说道：“我原是一个国民革命军的军官，在十年征战中，一心救国救民，却被军阀利用，一事无成。直到今天才能在党的指引下，真正地走到工农革命队伍里来。在革命队伍里，我李明瑞还是一个新兵，刚起步就得到大家的热情支持和关怀，实在叫我终身难忘！今后，一定要和大家风雨同舟，患难与共，沿着党指引的方向，夺取革命战争的胜利！”

1930年2月1日，就在李明瑞赶赴右江途中，广西警备第5大队在龙州起义，宣布成立中国工农红军第8军，俞作豫任军长，邓小平兼任政治委员，宛旦平任参谋长，何世昌任政治部主任，辖两个纵队，共1000余人。李明瑞任红7军和红8军总指挥。同时，左江苏维埃政府成立。

从此，在中国共产党领导下，左右江一带的20多个县100多万各族人民，开始了摆脱封建地主、土豪劣绅以及反动民团武装的压迫、剥削与奴役的革命武装斗争。

在左右江起义连连胜利的凯歌声中，经中共中央批准，李明瑞加入了中国共产党。从此，他由一个民主主义爱国将领，成为一个坚定、英勇的共产主义战士；从此，他把自己与中国人民的解放事业更加紧密地联系在一起，以更新的战斗姿态去迎接一个又一个严峻考验。

征战右江

1930 年 1 月，红 7 军第 1 纵队一部已先期占领隆安县城，组建了隆安县苏维埃政权。左右江起义的胜利，使国民党反动派惊恐万状。桂系军阀急忙纠集 4 个团，由熟悉右江地形的李画新担任总指挥，向隆安城扑来。

2 月 4 日，逆右江而上的桂军前锋两个连到达隆安县城东门后，立即与红军展开了激战，另一支人马则占据城东南高地，以密集炮火向城垣上的红军猛烈轰击。第 1 纵队纵队长李谦身负重伤，因流血过多昏了过去，政治部主任沈静斋接替他继续指挥守城。第 1 营营长何莽带领两个连冲出城门，向立足未稳的敌人冲杀过去，一下子便打倒了几十个敌兵，两边残敌仓皇逃跑。

敌人首次攻城失败，重新作了部署，改由杨俊昌团为中路，攻东门；蒙志仁团和岑建英营为左翼，从城南进攻，以断绝城内红军的退路；隆安县县长王晓东为右翼，带领民团堵截河岸；覃兴团改为预备队。

5 日拂晓，桂军便以 1 个团的兵力攻击红军阵地老寿山和牛眠岭。由于敌众我寡，红军只好撤到北坡防守。正在这个节骨眼上，李明瑞率领第 1 纵队的第 2 营、第 3 营和思林、果化的农民赤卫军 700 多人赶到。

李明瑞沉着果断，指挥若定，命令第 3 营直插东门抵御敌人的中路进攻，其余部队增援老寿山和牛眠岭，猛攻左翼敌人。双方在蜘蛛岭一带展开了白刃战。在李明瑞的指挥下，不出 1 个小时，便将岑建英营的 4 个连杀伤了大半，并击伤了敌团长蒙志仁，红军又迅速夺回了老寿山、牛眠岭一带的阵地。

第 2 营则与杨俊昌团激战于东门，天黑时退入城内防守，次日奋起反击，杀得敌人陈尸遍地，

隆安县城依然牢牢地掌握在红军手中。6 日下午，张云逸军长和第 3 纵队纵队长韦拔群带领 4 个营 700 多人从平马赶来，将敌蒙志仁团和岑建英营多次冲散，一直在右江汽船上坐镇指挥的李画新见大势已去，立即下令退却。红 7 军奋力冲杀，又将敌人杀伤一大批。

由于红军子弹供应不足，后援的军火船又在城外被隆安县县长王晓东所带的民团拦截，军火无法接济城内红军所需，导致红军攻击力量明显减弱。敌团长覃兴获悉红军弹药不足，便绕道抢占城西制高点，攻击红 7 军阵地，红军正面受到敌人压制，教导队伤亡很大。在城西指挥的李明瑞、张云逸，看到教导队处于被动，立即命令第 3 纵队预备队的两个连增援第 1 纵队和教导队，加强正面进攻，但一连几次冲锋都被敌人的强大火力击退，而侧面进攻也未奏效。

为了保存部队实力，李明瑞、张云逸立刻下令撤出阵地，沿着右江向西转移。隆安之战，红 7 军伤亡 300 多人，毙伤敌人 500 多人，第 1 纵队政治部主任沈静斋英勇牺牲。

夜茫茫，风萧萧，远处传来阵阵枪声。李明瑞和张云逸率领部队，向田东县平马镇北面山区急进，敌人跟踪追击，企图与红7军主力决一死战。

李明瑞与张云逸并肩而走，在后面照顾部队。听到远处传来的枪声和狗吠声，他立即警惕起来："云逸同志，我们部队刚刚成立，又在隆安受挫，需要休整，不应与敌人主力接触。"张云逸赞同李明瑞的意见："我们到平马后可以停一停，如果不行，再到韦拔群开辟的东凤根据地去。"

但他们很快得知，敌人已抢先一步占领了平马镇。这个意外情况打乱了原来的计划，李明瑞和张云逸决定第二天攻打平马的敌人。

部队在平马镇郊外休息了一夜。2月12日，红7军以教导队为主力向敌人发起攻击。敌人据城死守，一时未能攻下，李明瑞果断决定，将攻击重点改为平马镇外围的马鞍山据点。红7军集中力量向马鞍山的敌人发起进攻，不到半个小时，即将敌1个营打垮，缴获不少枪械。

红军乘胜一直打到城边的中行街，眼看就要攻下平马镇，突然发现敌人约1个团的援兵向他们包抄过来。为避免受到前后夹击，李明瑞立即下令撤出战斗，随即向田东北面的七里山区转移。

在路上，他们与第2纵队政治部主任袁任远率领的百色留守部队会合后，继续向东（兰）凤（山）根据地进军。这一带都是崎岖的山路，非常难走，部队要不断在山间绕行。正行进间，突然前面的山头上传来机枪的射击声。

这个地方名叫“马嘴”，虽然不大，却控制着通往东兰、凤山的要隘，地理位置非常重要。

前面的部队已经和敌人交上火了，李明瑞、张云逸立即下达命令，派出两个连攻占前面左侧山头，其余部队在山侧面展开。

攻击左侧山头的部队攻上山腰后，敌人也从那边抢上来。两军相遇，战斗迅疾展开。红军居高临下，利用优越地势，压制着敌人的向上进攻。

这时，天阴沉沉的，淅淅沥沥地下着小雨。敌人的兵力不断增加，被打下去一批，又上来一批，战线在不断延伸，红军渐渐趋于劣势。

几次正面冲锋被打退后，敌人又从左侧攻上来。红7军的辎重物资都在这边，为避免更大的损失，红军及时加强火力，打退了敌人。

一场激烈的战斗过后，战场上出现了片刻的沉静。这时，凤山县委书记黄松坚率领盘阳支前队送来了饭菜。李明瑞叫大家快吃饭，准备回击敌人的反扑。果然，战士们刚吃完饭，敌人就像蛆虫一般密密麻麻地爬了上来。李明瑞放下饭碗，跑到前沿阵地，鼓励指战员们："敌人有了增援，但不要怕，地形对我们有利，我们重创敌人后再撤退！"

战士们见总指挥亲临前沿阵地指挥作战，深受鼓舞。一会儿，攻击命令下达，顿时枪声大作，火光闪闪，敌人的子弹从战士们的耳边飞过，但战士们沉着应战，死死盯住敌人，使劲地打。在红军的顽强反击下，敌人全面溃退。红军顺利地通过了亭泗，于拂晓时分到达凤山根据地的赐福。

赐福位于东兰、凤山交界处，进可以到田州（今田阳）、田东、隆安、南宁，退可以到凤山、东兰，跨过红水河，进入黔桂边，很利于军事上的行动。早在 1926 年，黄松坚就在韦拔群的领导下，开始在这一带组织农会和农民武装，进行革命活动，在群众中很有威信。

李明瑞和张云逸登上一个山头，举目四望，只见周围深山密林看不到边，山势陡峭，地势险要，道路崎岖，是个易守难攻的好地方！勘察完地形后，他们决定把军部设在盘阳圩黄松坚家，部队开始转入休整、补充、学习和开展群众工作阶段。

在红 7 军征战右江的同时，俞作豫率领红 8 军积极开展左江革命根据地建设和反帝斗争，整编地方武装，镇压反动分子。1930 年 3 月 20 日，桂系军阀勾结地方反动武装突袭龙州，红 8 军军部和第 2 纵队寡不敌众，被迫向南宁、钦州方向退却。红 8 军孤军作战而屡屡失利，最终全面解体。俞作豫脱险后，辗转赴香港寻找中共组织。8 月，因叛徒出卖，俞作豫在深圳被敌人逮捕。9 月 6 日，他在广州黄花岗英勇就义，时年 29 岁。

龙州遭袭当天，远在靖西开展工作的红 8 军第 1 纵队回师驰援，后与军部失去联系，只好转战于中越、桂滇黔边界地区。这支部队经过 7 个多月，跋涉 7000 多里，冲破敌人的追击、堵截和“围剿”，于 10 月和红 7 军会合。此为后话。

榕江大捷

1930 年 3 月，李明瑞向中共红 7 军前委提出建议：乘桂系军阀卷入蒋冯阎大战，广西空虚之机，主力向外线游击，主动寻歼敌人，以扩大红军的影响。前委接受这个建议，决定由李明瑞、张云逸率第 1 纵队、第 2 纵队 3000 多人向黔桂边界游击，韦拔群率第 3 纵队留在右江根据地坚持斗争。

4 月初，李明瑞、张云逸率领两个纵队渡过红水河后，占领河池。4 月中旬，攻下怀远镇。怀远是地处崇山峻岭中的一座重镇，商业发达，市场繁荣。部队在这里住了 3 天，筹粮筹款，广泛开展群众工作，宣传共产党的宗旨和工农红军的奋斗目标，揭露桂系军阀挑起战乱、剥削压迫各族人民的罪行，得到了当地民众的赞誉和拥护。

4 月底，李明瑞、张云逸率部到达贵州榕江地界，在距离榕江城12里的一个村落里驻扎下来。这里属于黔桂边高原，重峦叠嶂，荆棘丛生，人烟稀少，天气变化无常，有时早晨太阳刚刚露脸，刹那间便乌云密布，风雨交加。

榕江是贵州军阀王家烈的后方重镇，城内军用物资很多。红军先头部队抓到了敌人的两个流动哨兵。他们供认，城内守敌不到1000人，还有民团、警察等100余人，由第25师副师长史远勋指挥。

李明瑞决定消灭这股敌人。4月30日上午9时许，他带领部队以迅雷不及掩耳之势，向榕江城外围的黔军发动攻击。敌人开始以为是土匪骚扰，但很快发现这支部队来势凶猛，顿时慌作一团，纷纷退入城内，据城固守。

榕江城地处谷地深处，城墙约有2丈厚、4丈高，易守难攻。李明瑞、张云逸等人察看地形后，决心一鼓作气，立即攻城。他们一面派出侦察人员混入城内，以弄清城内敌人兵力布局；一面指示部队火速准备攻城器械。

在作战会议上，李明瑞说："目前敌人已经惊恐不安，乱了方寸，他们虽然弹药充足，死据城郭。但是主力却远在湘黔战场前线，即使要增援也不可能很快到达，而我方斗志旺盛，迫击炮也已安装完毕，攻城器械装配齐备。我军完全有把握攻占城池，夺取胜利。”

他转过身，指着地图分析道：“榕江城东南面是开阔地带，不宜重点进攻；城南江水环抱，背水作战乃为兵家所忌；城东的小山丘，易躲易藏，有很大的回旋余地，是良好的屏障，地形对我军有利。等到黄昏时分，我们即以少量兵力佯攻东门，而在东北面重点进击，榕江一定能够攻下！”

李明瑞的分析简明扼要，作战思路清晰，大家听了纷纷点头称是，信心十足。张云逸最后决定：“第 1 纵队从东北面主攻，第 2 纵队在东门佯攻。黄昏时开始动手，赶在敌人援兵到来之前攻下榕江。攻下榕江，纪念五一国际劳动节！”

“攻下榕江庆五一”的命令很快传遍部队各个角落，士气大受鼓舞。第 2 纵队迂回到东门处待命；第 1 纵队立刻行动，精心选好攻击点，准备好登城的云梯以及攀墙驻足的大竹钉，将迫击炮对准攻击点，攻城人员隐蔽进入阵地，安静地埋伏下来。

黄昏时分，李明瑞、张云逸下达攻击命令。3发迫击炮接连射向城中，随之机关枪、步枪一齐向城头扫射。看到冲锋信号，第1纵队纵队长李谦带领部队猛虎般地跃出掩体，在密集的枪炮声中，呼啦啦冲到城墙的缺口处。不一会儿，就有许多战士攀上云梯，在墙上钉入大竹钉。

敌人疯狂地向外扫射，不少红军战士被击中倒下。由于城墙太高，很难攀登，冲锋队不得不退下来。指挥员并不气馁，稍为整顿，马上组织第二次攻击。迫击炮不断向城上抛射炸弹，机关枪喷出火舌，手榴弹四处炸响，攻城的声势比第一次冲锋更为猛烈。

战士们瞪着发红的眼睛，咬紧牙关，屏住气息，箭步冲到城下，把一个个大竹钉迅速钉进城墙的缝隙中，然后踮起脚尖，一级一级地往上爬。一个战士倒下来，另一个迅速补上。越来越多的指挥员沿着炸塌的城墙缺口登上了城墙，和敌人展开了你死我活的肉搏战。

在此关键时刻，敌人从城内丢出大量白银和烟土，但红军战士不为所动，依旧勇猛地拼杀。李明瑞大声喊道："特务连，跟我来！"特务连连长李天佑立即带领12名勇士组成的突击队，跟着李明瑞，踏着竹钉爬上城头，冲入敌群之中，其他连队也都不约而同地奋起向前冲锋。

突然，李天佑身子歪了一下，腿部被一颗子弹击中，血流如注。但这位只有16岁的特务连连长仍然强撑着，指挥突击队员们向前冲击。李明瑞见状，马上命令："李连长，赶快下去！"一名战士立即上来，把他扶下了火线。

敌人乘机反扑，1连连长杨光带领全连战士冲到城墙上与敌人展开白刃战，杀伤了不少敌兵。但不幸的是，他被敌人的子弹打中，牺牲在城墙上。

受命扼守在城外山头阵地上的第1纵队1营，也同敌人进行着激烈的战斗。敌人对山头进行了多次进攻，均被1营击退。

李明瑞命令炮兵集中火力掩护，李谦率部再次发起冲击，战士们踩着云梯爬上城墙，与敌人展开肉搏战。敌人顾此失彼，顿时乱作一团。城墙上的肉搏战进行 10 多分钟后，敌人犹如决堤的河水，哗啦啦地向后败退。

攻击部队大部都已登上城墙，几个战士迅速跑到城下，打开城门，主力部队蜂拥而入；城外拼命想夺下山头的敌人，再也无法稳住阵脚，企图钻进城去，结果被冲下山的 1 营官兵打散。与此同时，东门的守敌也被击溃，一些企图逃跑的敌兵掉进了榕江里，剩下的乖乖做了俘虏。

城内的残敌很快被肃清，傍晚时分，红旗插遍了城头。攻占榕江，是红 7 军建立以来取得的首次大捷，战士们兴奋地跳跃着，“我们胜利了”的欢呼声响彻榕江城的上空。

第二天就是五一劳动节。上午 10 时，细雨初停，云消雾散，天空露出了火红的太阳，整个榕江城一片光明，四处红旗飘扬，锣鼓喧天，一派节日气氛。红 7 军全体指战员和当地 1 万多名各族群众举行了隆重热烈的庆祝大会。

李明瑞、张云逸在大会上讲了话，宣传共产党反对帝国主义、反对封建主义的主张，宣传红军打土豪、分田地、买卖公平、爱护群众、为各民族群众谋利益的宗旨。

大会之后，红 7 军把从土豪劣绅、反动官僚那里没收来的衣服、粮食分发给贫苦群众。群众欢欣鼓舞，交口称赞：“红军是穷人的队伍。”有几十名青年要求参军，立即得到了批准。

红 7 军缴获了敌人军饷 10 多万元，每人都分到了几元津贴费，全军上下兴高采烈。李明瑞勉励大家说：“只要决心大，不怕牺牲，坚决奋斗，最后的胜利一定属于我们！”

李明瑞、张云逸率部在榕江休整了几天，本来想在贵州适当扩大占领区，以进一步扩大红军的影响，但这时收到的两封来信，改变了红 7 军的计划。

一封是韦拔群写来的，说百色已被右江民团司令岑建英攻陷，第 3 纵队退守东兰根据地；另一封是贵州军阀王家烈写来的，说只要李明瑞留下电台和山炮，从此即可“井水不犯河水”，“否则追兵即到，叫你李明瑞不得好死，尸沉榕江”。李明瑞和张云逸分析后认为，王家烈会派兵攻打，此时不宜和他硬碰硬，于是决定回师右江，收复失地。

李、张随即下达命令，主力部队火速行动，沿都柳江北岸疾速行进，少数部队沿江南岸行进，伤病员及辎重安顿到船上，50多艘大小帆船由西向东，浩浩荡荡，顺流而下。

果不出所料，王家烈出动了4个步兵团，尾随红7军主力而来，但每天只是相距数里跟在后面，显然是惧怕北伐“虎将”李明瑞的赫赫威名，不敢贸然上前攻击。

5天之后，队伍到达广西境内的富禄镇，李明瑞、张云逸决定将缴获的黔军电台和山炮抛进江里，并把俘虏的无线电台人员全部释放。

王家烈的主力团匆匆赶到江边后，扑了个空，恼怒之下，顿足骂娘，噼里啪啦地胡乱放枪。这枪声在红7军指战员听来，恰似欢送他们的鞭炮声。

几天后，红7军主力返回河池，与从上海中共中央回到广西的邓小平会合。战友久别重逢，分外喜悦。

在河池，邓小平主持召开中共红7军前委扩大会议，传达中共中央对红7军和右江革命根据地的指示，要求主力回师右江，收复百色和沿江城镇，开展土地革命。

收复百色

百色，地处滇、黔、桂三省交界处，是一座依山傍水、景色秀丽的山城。它是右江的政治、经济、文化、交通中心，控制着通往云南、贵州的交通要道，是云贵物产集散之地，也是通往南宁、梧州、广州等地的物资转运站。

1930 年 6 月，李明瑞、张云逸率领红 7 军第 1 纵队、第 2 纵队抵达百色后，在城外 10 里的三岔路口设立临时军部指挥所，随即派人进行战地侦察。

占据百色城的岑建英，是李明瑞在韶州讲武堂时的广西籍同学。从讲武堂毕业后，李明瑞投到护国军林虎部，而岑建英回到广西后，刚开始郁郁不得志。旧桂系倒台、新桂系崛起后，他投入新桂系的怀抱，很快便由独立营营长升任广西警卫第 4 团团长，进而爬上了广西右江民团司令的“宝座”。李明瑞先倒桂后反蒋，毅然投身革命；而岑建英则顽固效忠新桂系，如今又趁红 7 军转外线游击之机，占领百色，把这座山城变成了广西反革命据点，妄图摧毁右江革命根据地，巩固新桂系在广西的统治。

驻守百色的兵力，除右江民团的 400 多人外，还有税警民团 300 多人。岑建英手里兵力虽然不多，但他在城内外构筑了大量碉堡，其中最大的一座是城西长蛇岭上由大石块修筑而成的两层炮楼，有 1 个连的兵力驻守在那里，与城内的其他碉堡构成严密的火力网，封锁了进城的所有通道。

起初，岑建英以为这次朝百色而来的是一股千余人的土匪，并没有太在意，只是派团副黄文燎率 2 个营出城拦截。不料一经接触，即被红 7 军击溃，死伤 100 多人，黄文燎本人也受了伤，百色回不去了，只得逃往平马镇。

李明瑞拿出作战地图，与张云逸商讨进攻的路线：“第 1 纵队 1 营为右翼，沿山路向百色西门进攻。2 营为左翼，从三岔路走大道，向东北门进攻。3 营掩护炮兵占领长蛇岭北端的山地，先行摧毁敌人碉堡，向城里目标延伸射击，掩护各步兵营进攻。再以第 2 纵队 1 个营控制炮兵阵地附近，相机策应主攻部队作战。其余作预备队。你看如何？”

张云逸看了看地图，认为左右翼还可各增加 1 个连，加强突击力量，以利清扫外围。李明瑞赞同张云逸的意见，通知各部队进入阵地。

上午 9 时许，攻城开始。步枪、机关枪和山炮等一齐开火，战士们发着怒吼，枪炮声、喊杀声震动山谷，响彻云霄。城内守敌本就是土匪、兵痞、流氓组成的乌合之众，枪炮声一响，立即溃散。岑建英见状，企图固守。他钻进长蛇岭上的那座两层石砌炮楼，亲自指挥，猛烈开火，妄图阻止红军前进。

红 7 军的步兵多次发起进攻，都被炮楼里喷出的强大火力压住了，进攻暂时受阻，而所带的山炮也只剩下 3 发炮弹。

岑建英很得意，趁战事暂时出现僵持的局面，派人给李明瑞送来一封劝降信。他想利用讲武堂同学的关系，劝说李明瑞“转到李、白、黄这边来”，如果有什么“苦衷”，他可以助一臂之力，帮他向李、白、黄“转告”云云。

李明瑞看了信，不由得笑出声来，对张云逸说：“你看，岑建英劝我投降来了！真够天真！”

张云逸接过信一看，说：“这里面有文章呢！”

李明瑞说：“我也要劝劝他，否则，谁也认不得谁啦！”

张云逸连连点头称是：“嗯，先礼后兵！”

李明瑞立即给岑建英写了一封回信。信中首先向岑建英宣传了红军的宗旨，大意是：红军是真正为劳苦大众的军队，实行军事公开、政治公开、经济公开、官兵平等。随后他又以恳切的语气写道：“我们俩，同学感情笃深，希吾兄念旧思新，迷途知返，欢迎你参加到红军队伍来。我敢以人身担保，对你既往不咎，官复原职……”

最后限定时间要岑建英答复。写完信，交给来人带回。

打发岑建英的人走后，李明瑞指挥大家把山

炮推上山来，架好放稳，接着端起望远镜观测距离，校正瞄准点。一切准备停当，只等岑建英答复。1 个小时没有回应，2 个钟头也已过去，始终未得到岑建英的任何回音，看来只有用炮弹才能解决问题了。李明瑞立刻下令：“各就各位，做好准备！”

战士们把炮弹推进炮膛后，李明瑞再次上前检查瞄准点，测定距离。学过炮科的第 2 营营长冯达飞自告奋勇走上前来开炮，只听得“轰”的一声，炮弹呼啸而去，长蛇岭硝烟滚滚，炮楼被炸塌一个大角。

岑建英见势不妙，仓皇跑出炮楼。他冲到百色街上，脱下军装，换上民服，向恩隆方向逃命去了。

李明瑞亲自操炮，放出第二炮，将炮楼打穿了一个大窟窿，泥土砖块腾空而起，几个敌人倒在血泊之中。第三炮打出，炸得炮楼全面开花，砖石滚入右江河谷。炮声一停，军号声、喊杀声、枪声响彻四野，红 7 军分几路突入城中，敌军纷纷投降。此战歼敌 300 多人，缴获枪 300 余支。

战斗结束后，李明瑞率领特务连直奔百色监狱，打开牢房，把关押在此的革命同志和无辜群众统统释放。这里面有红 8 军第 1 纵队政治部主任潘思文和战士钟夫翔等人。

潘思文、钟夫翔已被折磨得骨瘦如柴。钟夫翔是李明瑞的北流同乡，他文化程度虽然不高，但写得一手好字，后来李明瑞就安排他在军部当文书，掌管红 7 军的大印。

夜色降临，百色城枪声渐稀。在昏黄的电灯下，红 7 军指战员们沿着熟悉的街道，进入城内。

李明瑞、张云逸和邓小平一起回到粤东会馆，一齐住在左侧阁楼上。

张云逸兴奋地说："这一次是总指挥三炮克百色，我们缴获了步枪 300 多支。"大家都称赞李明瑞是"神炮手"。

红 7 军收复百色后，当地赤卫军也恢复了，镇上的店员、船民、鞋业、烟丝、木匠等 8 个行业工会联合开展支援红军的活动，学生和市民也活跃起来。

红 7 军抓紧这个有利时机，从上至下广泛开展恢复与巩固革命根据地的工作，重建苏维埃民主政府，整顿工农武装，在群众中开展政治鼓动和形势教育，解除部分群众担心红军离去又被民团与国民党反动派镇压的忧虑。

红 7 军和地方党组织，还与那些死心塌地为新桂系军阀效劳的地主豪绅以及其他反动分子进行了坚决的斗争，有力地打击了反动势力的嚣张气焰。各族劳苦大众重新抬起头来，昂首挺胸地参加革命斗争。整个右江地区和东兰、凤山一样，开始呈现生机勃勃的景象。

伏击滇军

1930 年 7 月初，红 7 军得到一份情报：滇军张冲师已沿右江到达富宁，即将经由百色进攻南宁。此时，中原大战已经开始，蒋介石与阎锡山、冯玉祥正在河南信阳、商丘一带鏖战。桂系军阀参与了阎锡山、冯玉祥反对蒋介石的混战，除留少数兵力驻守广西外，大部由李宗仁、白崇禧、黄绍竑率领出师湖南，占领长沙，由黄旭初带领的桂军后续部队，也已向衡阳进发，后方兵力较少。为牵制桂军北上，云南军阀龙云奉蒋介石之命，任命卢汉为总指挥，由师长张冲率领两万余人，由剥隘进入百色，经平马、果化至南宁一线，攻击桂军后方。

李明瑞立即召开了纵队以上的负责人会议，经讨论，决定：一、鉴于敌强我弱，红7军主力主动退出百色，到思林、果化一带伏击滇军；二、右江沿岸各县、沿交通大路乡村的粮食，全部运上深山疏散收藏，不得资敌；三、从百色到果化沿江的船只，立即移至百色以上，不要为敌所利用。只留少数船只使用，必要时予以毁坏。

7月7日，李明瑞率领红7军悄悄退出百色，向思林、果化一带进发。此时正值伏夏，酷暑炎热，骄阳似火，行军十分辛苦。为了在滇军到来之前赶到指定伏击地点，指战员们克服困难，使足了劲赶路。第一天到达田州，第二天到达平马，第三天到达思林。

这天黄昏时分，一个侦察员气喘吁吁地跑来

报告：“来了，来了，敌人来了！”李明瑞问：“看清了没有？”“没有错，没有错！”侦察员伸出两根手指说，“还是分成两路过来的！”

两路行进的滇军，士兵们每个人都背着两杆枪，一长一短，一个紧挨一个，距离红 7 军阵地只有三四里路了。

李明瑞一面下达准备战斗的命令，一面令人将情况通报给在另一处指挥的张云逸。

这股滇军进入百色后，一路下来没有发现红 7 军的影子，放心得很，大摇大摆地走了过来。夜色降临，天气凉爽，他们都已有些疲劳，一等到上司下达休息的命令，立即就懒洋洋地躺倒在路旁。滇军里面烟鬼很多，个个瘦条条的。只见这些烟鬼把步枪垫在脑袋下面，双手捧起烟枪，怡然自得地吞云吐雾起来。一时间，蜿蜒曲折的小道上，到处星火点点，一阵阵奇特的香味四散飘荡。

突然，东边山上传来了三声枪响，红色的火线直指天空。看到进攻的信号弹，早已等得脚底发痒的红军战士，呐喊着冲出阵地，一排排的子弹向敌人喷射出去，随后一颗颗的手榴弹在敌群中开花，喊声、枪声、爆炸声震动山谷。

敌人遭到伏击，一下子乱了套，有的匆忙间竟拿起烟枪来还击，丑态百出，狼狈不堪，大部分都朝来时的方向逃跑了。红军缴获了一大批枪支、弹药、骡马、大烟等物资。

天还未亮，缓过神的敌人突然掉转回头，向红 7 军反扑过来，先是山炮、迫击炮的疯狂轰击，之后又是呈战斗队形的步兵，一步步向红军阵地推进。红 7 军指战员居高临下，静静地潜伏在阵地里，一动也不动。

敌人越来越近了，30 米，20 米，10 米……“打！”李明瑞简短有力的攻击命令话音未落，一排排密集的子弹便从红军的阵地上射出。遭到打击的敌人，像被砍倒的树木一样，一排排地倒了下去。

滇军虽然屡次失利，但并不死心，专门调来了 1 个旅的兵力对付红 7 军，双方展开了激战。滇军且战且退，被红军压到了河边。河边地域狭小，对双方的作战行动都非常不利。

红 7 军事先对滇军兵力估计不足，原以为只要投入 1 个纵队，就可以把敌人的尾部吃掉。但没想到，由于敌众我寡，红军没有达成速战速决的设想，被敌人缠住了，形成相持局面。

这样拖下去，显然对红军不利。第二天下午，李明瑞迅速调来第 1 纵队部分兵力，从北面山头向敌人冲击。敌人不支，纷纷后退。第 2 纵队从正面夹击，把敌人压向浮桥。向南边果化撤退的敌人，这时也纷纷往浮桥上跑。由于桥窄人多，不断有敌兵在慌乱和拥挤中掉入河里。负责掩护过桥的敌人，在河这边拼死抵抗，一直战到天黑。李明瑞、张云逸见目的已达到，便下令撤出战斗。

这次战斗，红 7 军毙敌团长以下 500 多人，缴获一批枪支弹药。

第三天，部队开往平马、田州一带，开始进行为期两个月的整训。

整训结束，根据地的土地改革也基本胜利完成，广大农民的革命热情和生产积极性得到极大的激发，许多翻身农民纷纷要求参加红军和赤卫队，红 7 军由 3 个纵队扩大为 4 个纵队，全军发展到 7000 多人。

04

挥师北上

四把突围

1930 年 9 月 24 日至 28 日，中共六届三中全会在上海举行，会议纠正了“立三路线”的错误，结束了其在全党的统治。然而，由于交通不便，广西党组织没有及时获悉中央的精神，“左”倾冒险主义之风，还是吹到了右江。

10 月 2 日，中共红 7 军前委在平马镇召开会议，中共中央（南方局）代表邓岗（邓拔奇）在会上传达了党的六届三中全会之前中央关于迅速攻打柳州、桂林、广州等大城市，阻止两广军阀北上增援，以保证全国红军“会师武汉、饮马长江”的命令。

对此，中共红 7 军前委领导成员争论激烈。为了顾全大局，前委服从了中央的命令。李明瑞不是前委委员，但他按照党的组织原则，执行了中央的命令和前委的决定。

10 月上旬，红 7 军各纵队分别从平马、田州等地向河池集结整编。不久后，失去联系的红 8 军第 1 纵队，在历尽千难万险后，也回到革命大家庭的温暖怀抱，补充进红 7 军。

11 月 7 日，在河池凤仪小学召开了红 7 军第一次党员代表大会，改选了前委，邓小平仍为书记。但由于李立三“左”倾路线统治了大会，改选后的前委排斥了邓小平的正确领导。李明瑞因是候补党员，仍然在前委委员名单之外，但出于对革命事业的高度负责精神，他大胆地发表了自己的意见：“红 7 军前委不能没有邓斌这个诸葛孔明。”

会后，部队整编，李明瑞任总指挥，张云逸任军长，邓小平任政治委员，原第 1、第 3 纵队一部合编为第 19 师，原第 2，第 4 纵队和原红 8 军第 1 纵队合编为第 20 师，由韦拔群率特务连以第 21 师名义到右江苏区扩大武装，坚持斗争。

韦拔群回到右江后，第 21 师吸纳了东兰、凤山、都安等县的地方武装共 2000 多人，迅速扩充到 4 个团和 2 个独立营，使右江地区又有了坚持武装斗争的骨干力量。

11 月 10 日，红 7 军主力从河池出发东进，开始执行进攻柳州、桂林，向广东发展的战略计划。第 19 师一马当先，第 20 师殿后，一路上势不可当，于 11 日占领怀远镇。

在怀远，李明瑞和邓小平、张云逸等人一起研究下一步的行动方向问题。作为最高军事指挥官，李明瑞首先说："从这里再前进 50 公里，便是当年太平天国石达开驻军的庆远镇。若按原计划攻打柳州，必须先攻下庆远，再东进 3 天，才能抵达柳州城下。现在大家议一议，要不要攻打庆远？"

中共中央（南方局）代表邓岗、政治部主任陈豪人相继发言，认为应该打。邓小平冷静地说："先分析情况，再下决心吧！"

张云逸说："龙江正涨水，我们背水作战，这是兵家所忌。"他的目光看向李明瑞，李明瑞会心一笑，说：“《孙子兵法》上讲：‘知彼知己，胜乃不殆。知天知地，胜乃不穷。’云逸同志已讲了水涨情况。我讲的是军情。据报，敌韩彩凤师已到庆远布防，从柳州又来了覃连芳的教导第1师增援。白崇禧赶跑了滇军之后，火速从南宁赶来指挥，李宗仁又在柳州坐镇。他们两个师，我们也两个师，但不到1万人，装备又比敌人差。从地理环境和敌我力量对比看，还是不打庆远的好，我们可以继续北上，乘虚攻打桂林，再高屋建瓴，直下柳州，大家认为如何？”

“我赞成总指挥的高见！”张云逸首先表态，“若在北上途中，有敌人尾追，我们就在运动中相机干他一下，挫敌锐气。”

邓小平归纳道：“在政治上，我们服从中央；在军事上，我们应多听专家的意见。我看李总指挥和张军长的意见比较符合实际。”

邓岗、陈豪人见李、张的意见无懈可击，邓小平又支持他们，也不再说什么了。会议最后决定，放弃攻打庆远，取道天河镇，到天河后再视情决定是否攻打融县（今融水）。

第二天凌晨，李明瑞等人率部出发，以第 20 师为前锋，第 19 师为后卫，向罗城方向前进。

11 月 18 日，红 7 军前锋第 20 师第 58 团到达天河镇东南的四把地域。李明瑞带着手枪连，和师长李谦、团长冯达飞并肩前进。他胸前挂着望远镜，腰间挎着一把指挥刀，脚穿草鞋，和战士们一起步行。走着走着，前面突然响起了枪声，接着是迫击炮声，炮弹落在河里，爆炸声在峡谷中引起巨大轰鸣。

怎么回事？一个通信兵气喘吁吁地从前头跑过来，报告说：我军先头部队，和从庆远镇前来拦截的桂军在佛子坳遭遇。敌人抢先控制高地向我军射击，封锁了部队前进的道路。我先头部队组织了几次冲锋，都由于敌人火力太猛，非但没有冲上去，反而被敌人火力压制在狭窄的小路两旁。敌人以绝对优势兵力前堵后追，我军到了进退维谷的紧要关头，形势十分危急。

听完报告，李明瑞自言自语道：“果然不出所料，桂军来‘接待’我们了。来者不善，善者不来啊！”他正要往前走，又有一个通信兵从后面跑过来报告："李总指挥，后面第 19 师已经和敌人打起来了！"

这时，张云逸策马奔来，顾不得下马就说："我们已处于敌人前后包围之中，地势对我们又极为不利，你看怎么办？"李明瑞说："情况危急，你到后面指挥部队顶住，不要让敌人往前压，我到前面找一条出路，突破出去。"

李明瑞快步来到了第 55 团 3 连前沿阵地。阵地前面的山坳口是唯一的通路，但非常险峻，一夫当关，万夫莫开。3 连往前冲了几次，牺牲了一排人，也没能突破。

李明瑞双眉紧锁，在原地来回踱步，不时拿起望远镜向山坳口观察。过了好一会儿，他紧锁的眉头才慢慢舒展开来。然后，他向 3 连的战士们走了过去。战士们见总指挥来了，立即活跃起来："有任务了！快做好准备！"他们恨不得马上从山坳口冲出去，消灭敌人，让大队伍安全通过。

李明瑞在大家面前停下，声音洪亮、态度严肃地说："同志们，敌人封锁了我们的去路，我们能坐以待毙吗？"

“不能！”战士们响亮地回答。

“对，我们是红军，不能坐以待毙。敌人从正面阻击我们，我们就从侧面偷袭过去！”李明瑞顿了一顿，指向侧面的一个山头说：“你们看，这个山能攀上去吗？”

战士们顺着他的手指朝山头望去，只见山势陡峭，荆棘丛生，盘缠交错，似乎根本就没有上山的路，但战士们不畏艰险，异口同声地说：“能上去！”

李明瑞说：“正面被敌人堵住了，我们必须迅速占领高地，控制侧面这个山坳，为大部队找出一条前进的道路！同志们，杀敌立功的时机到了，谁敢爬上那个山坳，请站出来！”

“我敢！”

“我敢！”

“我也敢！”……

一下子，从队伍中站出了几十名瑶族战士，他们祖祖辈辈生活在东兰、凤山的深山老林里，受尽了压迫剥削，有着强烈的革命要求。他们曾在韦拔群的领导下，参加过“三打东兰”的战斗，出生入死，经受了革命的锻炼和考验。他们常年行走于高山峻岭之间，善于爬山，不畏艰险。面对眼前的任务，他们充满胜利的信心。李明瑞亲自从中挑选了 12 名战士，组成一支精悍的突击小分队，笑着对他们说：“好！拿出你们瑶族爬山的本事来，上！”

这些英勇的瑶族战士开始向山上攀登，只见他们一会儿攀着树枝，一会儿用脚钩着石缝，身姿矫健，行动敏捷，约一袋烟的工夫，他们就在李明瑞的视线中消失了。李明瑞从口袋里摸出怀表，时而看看指针，时而用望远镜往山上瞭望。

为了迷惑敌人，红军正面部队仍然向敌人进行猛烈的攻击。

把守山坳口的 30 多个敌人，做梦也想不到红军战士会爬到山坳顶上，居高临下，打他们一个措手不及，结果大多数被击毙。

李明瑞等人率部转移到天河镇。那里只有 100 多名民团防守，很快被红军击溃。在天河，红 7 军一面筹集粮款，一面与敌人隔河对峙。3 天后，红 7 军摆脱了敌人，经黄金、龙岸，翻过大山，于 11 月 2 日到达三防，进入苗族聚居地区大苗山。

李明瑞进入苗寨，眼前一片惨状。寨里找不到一个年轻力壮的人，只有一些老弱病残守在家里，闭门不出。他来到一户人家门前，只听得里面小孩的哭声不止，便用手敲了敲门，哭声骤然停止。透过门缝，只见一个老妇人紧紧搂着一个五六岁的孩子，一动不动地呆坐着。李明瑞推开门，老妇人更为惊慌了，连头也不敢抬一下，小孩在她的怀里抽泣着。

屋内非常杂乱，家什、箩筐、破旧衣裳乱摊一地，伙房里，锅、碗、盆都被砸碎了。李明瑞询问老妇人是怎么一回事，老妇人“哇”的一声哭了起来。原来，红 7 军到来之前，民团团丁趁火打劫，把她家里仅有的一点吃的都抢走了，家什也给砸烂了，年轻人要么被抓去当民夫，要么因为害怕逃跑了，就剩下这无依无靠的祖孙两人。李明瑞立即叫勤务兵回经理处拿了 5 斤米送给她，老妇人泪流满面，抱着孙子向李明瑞不断弯腰鞠躬说：“老爷瓦瓦苦（真好）！”

李明瑞又走了几家，情况都差不多，到处冷冷清清、凄凄惨惨。他对冯达飞说：“广西军阀的民团，害得老百姓好苦，我们要揭露他们的罪恶，让老百姓了解我们跟国民党军队不一样。邓政委在龙州时就说过，革命军队要拿起两支枪，一支是笔杆子枪，宣传群众；另一支是钢枪，打倒军阀，革命就能取得胜利。现在你回去组织宣传队，书写标语。”

很快，宣传中国共产党宗旨和红军主张的标语贴满了村头村尾、路口街巷，当地群众了解到红军是穷苦人民的队伍，纷纷奔走相告，一传十，十传百，没有多久，逃走的人们陆续回到村里。群众们看到红军战士有的睡在走廊屋檐下，有的在村口路边打地铺，烧的是从山上打来的柴草，煮的是野菜稀汤，还帮助那些被反动团丁抢走了东西的苗民解决生活上的困难，群众们都为红军守纪爱民的精神所感动。

红 7 军在大苗山休整了 10 天，大力开展群众工作，和苗胞、瑶胞结下了深厚的情谊。

大苗山东北几十里是海拔 2081 米的元宝山，

山北面是三江侗区，西北百里开外，就是黔桂边界，如果再打榕江的话，可由此出击，但上级的命令是打柳州、桂林，而不是偏师游击。而由此东去桂林有 200 多公里路程，山高水险，不可直进，须先折向东南，经融县长安镇，再趋桂林。为迷惑敌人，使其摸不清红军的去向，前委决定调整行动方向，由此出击长安镇，扩充军备后，再取桂林。

激战长安

李明瑞等人率领红 7 军离开大苗山，日夜兼程，经江门、大段，直扑长安镇。

碧绿晶莹的融江，自北向南从长安镇旁擦肩而过，它北通湘、黔，南接柳江、西江、珠江，可直下广州。因为交通便利，长安镇成为黔、桂土特产集散地，商贾云集，素有“小柳州”之称。

侦察连回来向李明瑞、张云逸报告：白崇禧坐镇柳州指挥，驻守长安镇的第 62 师（师长韩彩凤）和教导第1师（师长覃连芳），构筑了两道防线，负责内部策应。此外，镇西还有民团支队约3000人，分布于大溪岭、石蛤口一线，目的在于警戒和迟滞红军的行动。镇周围田里的甘蔗，不管老百姓愿意不愿意，都全部强行砍掉，扫除视线障碍；通往镇内纵深地带的道路都已封锁，街口堆满了从学校搬来的课桌、椅子和树杈，主要通道钉下了一排排的钉架，在靠近码头的河面上用木排架起简易的浮桥，以便东西策应。韩彩凤师的部分机关人员已撤离至30里外的浮石圩。种种迹象表明，敌人已有所准备，但也做好了长安镇失守的准备。

打还是不打？李明瑞坚定地说："打，要猛攻猛打，不能给敌人喘息的机会，更不能拖到其援兵到来。现在已兵临城下，军用物资又急需解决，我看还是打！"

中共中央（南方局）代表邓岗本来就是极力主攻城市的，听李明瑞这么说，他百分之百地支持："打，坚决打，拿下长安，直攻柳州，夺取桂林。按中央指示办！"

12月5日下午，红军先炮轰敌人的圣山庙阵地，接着兵分两路，第 19 师沿西山脚到隘西寨一线，从镇的西南面进攻，第 20 师在镇北面从三顶坡大路往里压，防止敌人逃跑。当第 19 师从西山脚下进至镇西圣山庙时，遭到民团的阻击。战士们见是民团，便开展政治攻势，大声喊话：

“民团兄弟们，我们都是穷苦人，穷人不打穷人！”

“打倒地主军！”

“缴枪不杀，宽待俘虏！”

听到红军的宣传，民团的枪声渐渐稀落下来，边打边退，但一小股敌军隐藏在庙里，以密集的火力射击，负隅顽抗。

李明瑞见状，三步并作两步赶到炮兵阵地。他先观察了一下，然后说：“给韩彩凤尝尝我们炮弹的滋味！”炮兵连连开火，几枚炮弹打在韩彩凤指挥所的旁边，当场将 20 多名敌兵炸死，韩彩凤本人也被气浪掀翻在地。卫士们立即把他扶下去，他边挪动脚步边下命令：“给，给我顶住！”但哪里还顶得住？韩彩凤走了以后，守军很快溃散，纷纷向镇内退却。

红军的炮火打掉圣山庙后，又相继摧毁西南面的秦家炮楼、雷王庙等据点，守敌被迫龟缩回长安镇内。

韩彩凤的心绪稍稍镇定后，命令所有的团长、营长、连长带头冲锋反击。从西北面至西南面，敌人摆开 2 里长的环形阵地，靠着掩体工事，以密集火力阻击红军的进攻，长安镇边的田野一片火海，硝烟弥漫，炮弹不停爆炸，一团团闪光的烟柱不时在两军阵地上升起。双方一直战至黄昏，红军将敌人的反击压了回去，对其初步形成包围态势。

晚上，李明瑞再次组织力量，选择西南面为主攻点，向镇内展开纵深攻击，以打开突破口。以覃跃先连长为首的先锋队，率先突进几条街道，与敌人激战多时，但终因敌人工事坚固、火力密集，未能冲入镇中心。

第二天清晨，覃连芳派兵增援韩彩凤，占据镇西面山头，架起山炮向红军炮兵阵地轰击，炮弹落处，地动山摇，气浪冲人。李明瑞急忙下令："朝西山头打！把山炮再向前移近一点，打两发炮

福
酒

弹移动一次炮位！”这招果然奏效，敌人摸不清红军炮火阵地的具体位置，炮弹几乎都打到河岸上和河沟里。步兵不断逼近敌人阵地，最终把覃连芳部援兵击溃。

第 55 团、第 56 团乘机进入镇内展开巷战，从南面进逼镇中心下会馆码头，第 59 团也从西面冲进卖牛圩。覃连芳坐镇指挥，命令所部全力死守，战局陷于“拉锯”状态。

邓小平、张云逸走到李明瑞伏身的掩体下，说：“总指挥，现在战局是敌我胶着在一起。我欲进，进不得；敌欲退，也退不得。如果这样恋战下去，将付出更大的代价。”

李明瑞舍不得结束战斗，他说：“如果我们能攻下长安，挫伤敌人锐气，给白崇禧一个打击，我们就可以转危为安，进攻桂林就不难了。”

这时，红军战士抓住一个敌军俘虏。据他说，白崇禧已亲自到长安督战。李明瑞觉得非同小可，便亲自提审了这名俘虏。俘虏战战兢兢地说：“白崇禧今天中午到的，下午就到阵地视察，兵力有 3 个团，指挥所就设在浮桥附近。”

邓岗听了，说：“不管他，白崇禧来了也没用，我们已把敌人压缩包围，再猛攻猛打，攻下长安是没问题的。”

李明瑞坦率地说：“这个敌兵的话不能不信，也不能全信，不管怎样，情况变得复杂多了，以我们三四个团的兵力跟敌人 3 个师 6 个团拼，不那么容易。如果我们不想保存部队还可以，如果……”

“保存部队要紧！”张云逸打断李明瑞的话，“桂系共有 7 个师，在这里就集结了 3 个师，我们能料到其他几个师不来吗？我们跟它硬拼是会吃亏的！”

由于邓岗没有明确表态不打，李明瑞只好继续打。

第三天，李明瑞在阵地上，和其他指战员一样，喝了几碗南瓜玉米粥，又投入战斗了。

白崇禧亲自到长安督战，仿佛给韩彩凤吃了兴奋剂。白崇禧亲自上战场督战，处决了几个擅自撤退的营长、连长。一个营长回来向他汇报情况，被他误认为“临阵退却”，被打成重伤。尽管如此，败退下来的官兵还是很多。白崇禧知道官兵有动摇心理，下命令把浮桥拆掉，警告说：“不到前线牺牲，退到河里也是死！”

李明瑞寸步不离前沿阵地，此时红军已由进攻转为防守，并打退敌人的多次反扑。

入夜，月黑风高，红 7 军调整好队伍，组织火力，重新选择几个攻击点，继续向镇中心冲击。他们用毛柴捆扎了几十支火把，组成敢死队，直捣敌人指挥部。顿时，火光冲天，杀声震地。敌人盘踞在街口和路边拼死抵抗。

又是一夜的激战，几条主要街道尸横遍野，敌我双方死伤都很惨重。

第四天，李明瑞亲自带队发起全面攻击，把敌人压迫到镇里最小的花园内，敌人利用坚固的工事，坚守待援。前委连夜召开会议。大家认为，我军已与敌人打了快 5 天，伤亡不小，弹药剧减，粮草短缺；敌人援兵已陆续赶来，如果继续拉锯下去，我军势必腹背受敌，形势对我军非常不利。

“看来，长安是打不成了，我们趁着敌人还未喘过气来，撤吧！”李明瑞对邓小平、张云逸说。

“子弹快打光了，再打下去，就没了。在百色时，邓政委就说过，中央的指示首先是执行，待执行不通再说。现在应该趁着敌人援兵未到，撤！”

对此，邓小平表示赞同：“好！撤，连柳州也不打了！”

当晚，正当白崇禧打电话给柳州的李宗仁要求增派援兵的时候，红 7 军已趁着夜色悄悄地撤出长安镇。整整一夜，战场上静悄悄的，敌人惧怕红军有埋伏，也未敢贸然出来追击。

天亮后，白崇禧在韩彩凤、覃连芳的陪同下，视察了战场。他对韩、覃二人哀叹道：“说实在话，我和你们都不是李明瑞的对手！你们要加紧重新布防，以防万一。”

红 7 军撤出长安镇后，于 12 月 12 日从福禄渡江，决定由湖南绥宁、武冈前往桂林。

武冈撤兵

1930 年 12 月 21 日，红 7 军经与黔军激战之后，占领绥宁。当地老百姓听信谣言都跑光了，绥宁成了一座空城。敌人的报纸纷纷报道绥宁被占的消息，说红 7 军将取道新宁，攻打永州、衡阳，取得与红军第一军团、第三军团的联络。中共中央机关报《红旗日报》也作了报道：

“24 日长沙讯：红军第七军由广西义宁、三江一带，进攻湘南通道、绥宁各县。……由李明瑞指挥，约 3000 人。20 日攻绥宁，继续向武冈、城步两县进攻，声势甚张。湖南军阀何键得知消息，十分紧张，急令王家烈由靖州派兵 3 个团侧击通道绥宁，令章亮基旅开赴武冈，与绥宁黔军取得联系，令段珩由广州派兵驻新宁，向武冈、城步警戒，令湘乡、新化各县团队开宝庆集中，以资抵抗，观此布置，可见湘南白军吃紧到如何形势了。”

但当时红 7 军没有电台，也没看到报纸，并不了解这些敌情。

进占绥宁，红 7 军的给养并没有得到多少补充。稍事休息后，他们继续向武冈行进。正值冬至时令，雪花纷飞，北风呼啸，部队在饥寒交迫中行进，军首长们看着心里非常难过。平时爱兵如子的张云逸军长眼见自己的战士穿着单衣短裤，脸色菜黄，但他一筹莫展，心疼得如刀绞一般。

武冈是通往黔、桂的要冲，何键对其防守作了相当周密的准备。红 7 军到达武冈城外时，城周不见一人，老百姓都被民团赶进城里“避难”去了。据探报，城内有六七百民团驻守，他们是何键和地方土豪劣绅豢养的“看家狗”，作战经验相当丰富，最近几年曾多次打退从湘西来犯的群匪。

李明瑞等人到城外观察，只见城墙有四五丈高，十分坚固，不愧有“铁打武冈城”之称。城外南门，环绕着不能徒涉的资水，成为天然的护城河。这里曾经是曾国藩大办“团练”的地方，训练出来的湘军相当剽悍，是太平军的死敌。攻陷天京、镇压太平天国革命的湘军主力，就是从武冈训练出来的。

李明瑞和邓小平、张云逸等人一起研究是否攻打武冈的问题。显而易见，攻城困难很大，打还是不打，或是想别的办法解决部队的给养问题，一时定不下来。

“还是攻吧，部队在绥宁一无所获，饥饿和寒冷时刻威胁着每个人的生命。”李明瑞经过思索，横下心来。

“攻吧！花点代价攻下它！”张云逸也觉得别无他法，表示赞同，“不打不解决问题。”

邓岗、陈豪人也表示积极支持。

形势紧迫，已不容再多商量。12 月 26 日，趁着黄昏天光尚亮，部队马上在资水河上抢架浮桥，准备云梯。架设浮桥时，敌人多次开枪扫射，但都由于距离较远，没有造成实质性伤害。

浮桥架起来后，李明瑞命令第 55 团团长何莽带队冲过浮桥，寻找攻击点，其他 3 个团一齐跟上。为了节省炮弹，战士们把电光鞭炮放到火油桶里点爆，真真假假，虚虚实实，喊杀声和鞭炮声、枪声响成一片。

敌人弄不清真假，听到哪里有枪声、鞭炮声，就往哪里猛打。他们将灯笼挂在城边，将火团投到红军阵地上，照得阵地上如同白昼，红军暴露在敌人的灯光、火光下面，非常危险。

李明瑞抢过浮桥进行指挥：“李天佑，把特务连拉上去，对准敌人的灯笼打！”特务连的神枪手发挥了威力，灯光、火光顿时熄灭了大半。紧接着，李明瑞又指挥炮兵连发 3 发炮弹，谁料坚固的城墙竟毫无损伤。

李明瑞见状，下令："爬上去！"早已耐不住性子的何莽团长立即组织战士们爬城。战士们猛如虎，壮如龙，争先恐后地攀上云梯，向城头爬去。

高源连长一马当先，首先跃上城头，接连撂倒了几个敌人。突然，敌人的一排子弹从暗处射来，高连长中弹，从城上摔下，英勇牺牲。排长们又一个接一个带头冲上去，但都一一被打退。

数日，红军如此反复攻城，部队付出了相当大的代价，仍然没有把城攻下来。

12 月 28 日，红军重新选择几个薄弱点，实施强攻，敌人开始动摇。不料战到次日拂晓时，宝庆警备司令章亮基率第 16 师 1 个团到武冈增援，该师另一个团也由梅花坪向此开进。援敌越来越多，一直增加到 5 个团，从三面进攻红军，炮火越来越激烈。城里的敌人看到援军已到，气焰又嚣张起来，火力明显增强。

第 55 团团长何莽一直在前沿指挥攻城，尽管几个昼夜未曾合眼，但他仍然指挥部队沉着应战。这时，前来增援的敌机，低空飞过红军阵地，机身下喷射着密集的火舌。何莽高声大喊：“同志们，快卧倒！”话音未落，一排罪恶的子弹便扫射过来，何莽倒在血泊之中。“何团长！”许多人哭喊起来。

何莽是广西军校毕业生，百色起义时任第 1 纵队第 1 营营长，在隆安血战中，他顽强守城，在反击中追杀敌人 100 多名。打榕江、收复百色、伏击滇军、战四把、攻长安镇，何莽都勇敢异常。李明瑞和张云逸得知何莽牺牲，都痛惜不已。

要想攻下武冈已不可能，如果继续强攻，部队还会遭受更大的损失，造成无谓的牺牲。为了保存实力，军部决定撤退。李明瑞对张云逸说：“你去找邓政委先撤。何莽同志牺牲了，我留下，带 55 团掩护。”

“不行，你身份太突出，敌人容易发现你。”张云逸坚持要李明瑞带其他 3 个团先撤。

“张军长，不要坚持了。正因为我身份突出，掩护撤退更有利，你放心撤吧！”

张云逸和邓小平先行撤退，李明瑞率队边打边走，留下军部特务连最后掩护。连长李天佑临危不惧，接受了掩护任务，边打边撤。

敌人飞机在资水河上空狂轰滥炸，烟柱水柱冲天，浮桥在晃动。敌机投下3颗炸弹，将浮桥炸断，敌人又从后面压过来开枪扫射，许多同志牺牲在河水里。

指战员们忍受着饥饿和寒冷，朝着军首长指示的方向集中，一直跑了10多里，才见到李明瑞从后面赶了过来。他下半身全是泥巴，和他一起来的特务连战士，个个也都成了泥人儿，有的甚至还光着两条腿。原来他们脱离战斗后，经过了一片烂泥田，泥深及膝，把战士们的裤子咬得紧紧的，战士想跑也跑不动，心里一急，就干脆把裤子脱掉了。

李明瑞鼓励大家："留得青山在，不怕没柴烧。不用怕，把我们的力量保存下来，比什么都好办！大家赶快往前走吧，南方就是我们广西家乡。"战士们听到李明瑞提到家乡，很受鼓舞，又急行军30里，终于到达了一个叫岐塘铺的小圩镇，摆脱了敌人的追击。

军经理处处长叶季壮已在这里等候了。他见李明瑞来，快步迎了上去：“李总指挥，辛苦了，进屋里洗个脸，换换衣服吧！”李明瑞说：“我不要紧，你们赶快找些衣服给没裤子的战士穿上！”叶季壮赶紧对经理处的同志们说：“你们快去找些衣服来！”没几分钟，衣服拿来了。没裤子穿的战士，基本都分得了一条。没有分到衣服的，就撕下一块布，把下身一围，就像女人穿裙子。大家你看看我，我看看你，一起大笑起来。

经过清点，武冈一战，红 7 军损失 500 多人，还剩下 5000 多人，武器没怎么减少，但弹药损耗较大。大家摘下军帽为烈士们致哀。

邓小平政委说：“这又是一个大教训啊！但是我们的队伍更坚强更有经验了！”李明瑞点头道：“硬拼是不行了。据探报，东北面有湘军，西北面有黔军王家烈的几个团向武冈压来，我们原来都不知道。现在得找个地方休息休息，避开敌人的锋芒。湘军、黔军是不会就此罢休的。”

他吸了一口烟，接着说：“这里离广西家乡不太远，还是先回广西休整，再作打算。你们看如何？”大家都同意。

军部首长鉴于部队连续转战极度疲劳和粮秣短缺的情况，决定翻过越城岭，奔袭敌人兵力薄弱的全州，作短暂休整。

12月31日，红7军渡过梅溪河后，炸掉浮桥，甩掉了追兵，开始攀登越城岭。

越城岭坐落在桂北、湘南接壤处，南北走向，绵延百里。它的最高峰苗儿山，海拔2100多米，雄奇险峻，云雾缭绕，人迹罕至，是广西海拔最高的地带。

红7军在越城岭的山峦间穿行着，李明瑞边用望远镜极目远眺，边对邓小平说：“越城岭是南国的‘万里长城’，我们红军已登上了‘万里长城’，可算是英雄好汉了吧？”

邓小平深有感触地说：“那当然！不过，真正意义的英雄好汉，不仅要登上越城岭，还要跨过越城岭，千里跋涉，与红一方面军会师，构筑新的长城。”

红军行进在崇山峻岭之间，山越爬越陡，路

越走越长，明明看见前面那座山是最高的，可刚爬到山顶，一座更高的山峰又突兀在眼前，令人惊叹不已。有的山坡过于陡峭，人爬不上去，只好绕道而行，弯弯曲曲，峰回路转，忽上忽下，忽高忽低，一路走来，非常艰难。

1931 年 1 月 2 日，红 7 军进抵全州，城内守敌弃城逃跑。红 7 军在这里进行了短暂的休整。李明瑞是战功赫赫的北伐名将，在全州是知名人物，他亲自出面筹粮筹款，筹得了 4 万元。

根据侦察得知，北面武冈的湘军仍对红 7 军虎视眈眈，南边桂林除了桂系军阀梁朝玑师驻守之外，还从柳州调来韩彩凤师严加防守。红 7 军腹背受敌，形势不容乐观，中共红 7 军前委召开紧急会议，研究对策。

离开右江根据地后，红 7 军出击桂黔湘边近两个月，险境迭出，疲于奔命，部队减员严重，前委紧急会议着重讨论“打不打桂林”的问题。张云逸首先发言说：“我们离开根据地，到处打游击，攻打城市，到处受损，到处碰壁。事实证明，此路行不通，我们不能再当一个前不着村后不着店的‘梁上君子’，不能再这样毫无目的地游击下去！我军正面临腹背受敌的危险。敌人正在桂林以逸待劳，如果我们仍按照原定计划去攻打桂林，无异于以卵击石。所以，我们应该立刻放弃攻打桂林的方案，从湘南穿过，进入粤北，寻找立足点。”

作为全军总指挥的李明瑞，心情格外沉重。红 7 军离开右江根据地后的遭遇，使他对“立三路线”产生了怀疑，尤其是从北伐战争时期开始跟随自己南征北战多年的老战士、老部下的相继牺牲，更使他痛定深思。听了张云逸军长的发言，李明瑞把军帽往上一推，喝了一口茶，咳了一声，然后一字一顿地说：“我的意见是赶到江西中央苏区，跟‘朱毛红军’会合！”这个意见得到很多同志的附和，大家你一言我一语，会议气氛逐渐热烈起来，一致认为：我军几经周折，极度疲劳，伤亡较大，而且粮弹已缺。全州距离桂林好几百里，若再长途跋涉，赶去攻打有梁朝玑、韩彩凤两师防守的桂林，无异于飞蛾扑火，自投罗网。何况，原来要打桂林是为了开辟通往广州的道路，如今已到了全州，即可穿过湘南粤北直达广州，再回过去攻打桂林已无必要。当务之急就是赶快寻找立足之地，养精蓄锐，谋求发展。

邓小平高兴地说：“我看，我们还得走一步看一步，先到广东小北江，若在小北江站不住脚，就直接到江西去，跟‘朱毛红军’会合！”

会议否定了邓岗、陈豪人等几位前委主要领导人坚持攻打桂林等大城市的错误主张，最终决定到湘桂粤边寻求机会休整补充，并逐步靠拢江西。

这次会议事实上恢复了邓小平在红 7 军中的正确领导，部分地抛弃了“立三路线”的“左”倾影响，使几经挫折的红 7 军逐步恢复生机，成为红 7 军历史上的重大转折点。会后，邓岗、陈豪人找到桂林地下党组织，秘密地通过白区，取道梧州、香港，到上海向中共中央汇报工作去了。

为提高部队战斗力，红 7 军将原来的 4 个团缩编为 3 个团，把非战斗人员尽可能地安排到战斗单位，变为战斗人员，对伤员也进行了妥善安置。1 月 4 日晚，探知桂军 1 个师已逼近全州，李明瑞和邓小平、张云逸决定第二天拂晓撤离，向湖南道州、江华方向进发。

艰难转战

此时正值寒潮南侵，北风刺骨，大雪纷飞。红 7 军还未补充被服，指战员们身上仍是在河池发的单衣短裤，脚上穿的是草鞋，甚至还有人赤着脚，大家打着寒噤，咬紧牙关往前走，不断有战士在严寒中摔倒。仅仅一天，担任后卫任务的第 58 团就有七八名战士被风雪夺去了宝贵的生命。

李明瑞同样也穿着单衣、草鞋，他不断鼓励战士们克服困难，坚持下去。

湖南省江华县很小，只有一条街道。1931 年 1 月 9 日，红 7 军一到，立即开展筹粮筹款工作，征收了一批布匹和棉胎，补充了给养和被装。

邓小平主持召开营以上干部会议，讨论部队下一步行动方案。从当时情况看，湘军对红 7 军已有所防备，李宗仁在钟山一带又布兵据守，截断了去路，企图与湘军夹击红 7 军。会议决定，部队继续南进，转到湘桂粤交界的广西贺县（今贺州市）桂岭。

1月11日，部队从江华出发，经过3天的跋涉到达桂岭。桂岭是个不大的圩镇，却是广西通向湖南、广东两省的要冲，周围建有多处炮楼，驻扎着民团。红7军到达时，国民党坚壁清野，无处筹粮。筹粮队向民团喊话："喂！你们听着，我们红军路过这里，要跟你们买点粮草。"

"这里没有粮草！"民团中有人回答。

红军继续喊道："我们公平买卖，如果你们不卖，我们就要攻城了！"

民团顿时紧张起来，连忙回应道："别打，别打！我们从上面吊下粮食、猪肉给你们！"

筹粮队收到后，一一照价支付了钱款。他们见红军办事讲信用，买卖公平，就陆续又吊下许多粮食，解决了部队的急需。李明瑞赞扬筹粮队说："你们做得真好，严格执行红军纪律，就等于宣传了我们的队伍！"

鉴于部队减员较多，中共红7军前委决定对部队进行整编。根据干部降级使用、单位合并、力量要搭配的整编原则，部队缩编为2个团，各辖2个营：第19师缩编为第55团，龚鹤村兼团长，邓小平兼政治委员，共1200余人；第20师缩编为第58团，李明瑞兼团长，共1300多人。另有军直属队800多人。

1月17日，红7军进入湖南，经江华县大夕、广东连州清水镇，两天后进至东陂圩。20日，部队到达星子圩时，因黄沙埠有2个团的湘军据险扼守，不易通过，前委放弃了进军北江的计划，于21日转至连县县城连州附近。此时，敌人正规部队还在韶州，连州只有数百地方警卫队防守，兵力薄弱。

连州是连县、连山、阳山三县经济、文化中心，物产丰富，商业繁盛。红7军抵达连州城外的商业区后，抓紧时间筹饷。

连县县长叶日嵩得知城外商业区正常营业，红军与群众关系融洽，还筹得几万元军饷，非常恼火。他大骂群众是“贱民”，下令县警卫大队将城外商业区点火焚烧，并污蔑是共产党、红军所为。

为了粉碎敌人的阴谋，李明瑞下令：第一，特务连抓捕在街上造谣的兵痞流氓，为首分子就地枪毙；第二，第58团到火场抢救群众的生命和财产；第三，第55团对城内敌人实施佯攻，掩护救火。

第58团全体指战员立即冲进着火的商铺，把洋纱、布匹和各类百货抢救出来，堆放在一处平地上，并派人严加守卫。荣梓苍的煤油仓库处于火区，非常危险，红军和民众们奋不顾身把千余桶煤油搬了出来，避免了一场大火灾。在红军不怕牺牲精神的感召下，参加救火的民众越来越多，大家并肩战斗，经过一昼夜的奋战，终于将大火完全扑灭。

这场大火共烧毁民房近200间，死伤群众100多人。国民党杀人放火，而共产党舍己救民，深深地感动了群众，红军的声誉大大提高。

部队补充给养后，撤离连州，于2月1日进至广东乳源县梅花村（今属乐昌县）。梅花村共300多户人家，朱德、陈毅领导湘南起义时，红军伤病员就住在当地村民家里，红军在这里有着良好的群众基础。前委决定在这里休整，开展群众工作。

中共乐昌县委宣传部部长谷子元同志，给红7

军领导们带来了中共六届三中全会关于停止执行攻打大城市决议的“紧急通告”。根据中央的精神，前委召开会议，决定放弃攻打广州的计划，到中央根据地与朱毛红军会师。这次会议批准了李明瑞转为中共正式党员，并增补为前委委员。

进军江西的准备工作紧锣密鼓进行之际，侦察员前来报告，说粤军邓辉团从连宜方向跟踪而至。军部首长经过商议，决定利用梅花村群山环列的地形，打一场伏击战：临时指挥部设在村外西北角莲花庙；沿着村口的口袋形地貌布设阵地，第55团为左翼，抢占梅花村西南制高点，第58团为右翼，扼守村东北的背夫岭高地；军直属队、炮兵连设在村口正面阵地。

2月3日中午，邓辉团向村口气势汹汹地扑来。处在最前沿阵地的第55团1连，奋起痛击敌人。敌人成群结队冲上来，红7军三面还击，打退其3次冲锋。

邓辉立即命令部队抢占第55团前面的小块山地，稍事整顿后，又向第58团的背夫岭阵地进攻，第58团居高临下地阻击，敌人则反复攻击，战事越来越激烈，山岗被打成了一片火海。

第55团也受到了敌人的轮番冲击，连长覃亮之在打退敌人多次冲锋之后，不幸中弹牺牲。

激战一直持续到下午5时，红7军利用有利地形，3个阵地密切配合，杀伤了大量敌人，邓辉团伤亡过半。不料，敌人还是越来越多，而且进行集团冲锋，来势愈发凶猛。

原来，从乐昌来了敌人的2个团，增援邓辉。

敌人利用兵力优势，整连整营地向左侧高地进攻，企图在黄昏前突破红军的防线。防守在这里的第55团1营营长章健率部浴血奋战，打退了敌人的6次冲锋。正当他指挥部队粉碎敌人的第7次冲锋时，一颗手榴弹在身边爆炸，这位英勇的营长光荣牺牲。

眼看左侧阵地不利，李明瑞即令第58团2营营长李显向敌人左侧反击，两军相遇，战斗十分激烈。

整个战场杀声震天，双方开始短兵相接。几个敌兵冲到李显身边，李显挺枪出刃，接连刺倒了3个敌人，不料，一颗子弹穿过他的左上胸，将其打成重伤。营教导员杨殷也受了伤。

已经打退了敌人 8 次冲锋的第 58 团副团长兼 1 营营长李谦，手持驳壳枪，他利用战斗间隙进行战地动员："坚持到天黑，就是胜利！"说完，带一排人冲进敌阵，与敌展开肉搏，不幸身中数弹，倒在血泊中！

李明瑞高喊一声："特务连跟我来！"20 多名特务连战士，枪刃晃晃，似猛虎般跟随李明瑞杀向敌人，一鼓作气把敌人压了下去。李明瑞抱起李谦，高喊："李谦同志！李谦同志！"李谦昏迷不醒，身上几处鲜血汩汩流淌，很久才吃力地睁开双眼，含糊不清地说："总指挥，我没有完成任务，把——把敌人打退！"说完，又昏了过去。李谦被担架抬下去没多久，就停止了呼吸。

李谦是红 7 军的一位优秀指挥员，先后任第 1 纵队司令和第 20 师师长，历经多次重要战斗，忠诚勇敢，临危不惧，战功卓著。他的牺牲，是红 7 军的重大损失。

此时的梅花村，军号悲壮，淡月高悬，寒风刺骨。这次战斗，敌人死伤 1000 多人，红 7 军伤亡 700 多人。全军营连排干部损失一半以上，军参谋长龚鹤村、原第 59 团团长袁振武等人也身负重伤。这是李明瑞自南京栖霞山战役以来，经历的最为激烈最为残酷的战斗。

部队连夜撤到大坪坝宿营。全军为李谦同志举行了简短的悼念仪式，把他的遗体葬在石子坝的青松岭上。前委研究决定，李明瑞、邓小平率领第 55 团先行渡过武水（乐昌河），张云逸率军直属队和第 58 团殿后。

部队取道老屋场、冷水坑直奔乐昌，准备在杨溪渡口渡过武水，向江西挺进。从大坪坝到乐昌的百里行程上，一路尽是森林和峡谷，加上雪地行军，战士们又累又困，又冷又饿，因为顾不上做饭，只好边走边吃生大米。

部队行军整整一昼夜，到达武水河边，2000 多人忍着激战后的饥寒和疲劳，在水深浪急的河边候渡。此时，晨雾未散，冷雨霏霏，碧蓝的江面上弥漫着白色的水汽。

武水河面有 100 多米宽，而红军只有两艘小船，一次只能渡 20 多人，每一个来回都要费很大的劲。直到黄昏，仅渡过去一半人马。

一到对岸，李明瑞即命令第55团占领阵地，掩护后续部队渡河。

张云逸带领的军直属队以及第58团的一部还未过河，忽然听到远处响起“轰隆隆”的马达声，接着是枪声大作，原来是第55团和从韶关而来阻止红军渡河的粤军郭润华团交上火了。

张云逸利用第55团争取到的时间，抓紧时间组织渡河，但是敌人越来越多，情况异常危急。邓小平、李明瑞当机立断，通知张云逸不要再渡河，相机行动。

敌人黑压压一大片，向已过河的红军包围过来，李明瑞和邓小平指挥部队杀开一条血路，冲出敌人的包围圈，然后朝仁化、崇义前进。

张云逸率领未能渡河的军直属队和第58团的两个连600多人，急行军30多里，于2月6日又回到大坪坝村。他将部队重新编为6个战斗连，番号第58团不变。第二天，在地方党组织的协助下，在老爷庙渡口渡过武水。

2月下旬，张云逸率部到达酃县（今炎陵县）

一带进行休整。湘东南红军独立师闻讯后，派第3团政委王震率部南下迎接。3月中旬，两支部队在酃县十都圩会合。随后，一起到达与永新毗邻的莲花县，与该师其他部队及红20军第175团会合。

3月底，为便于领导河西（赣江以西）地区的反“清剿”斗争，中共湘东南特委根据中共苏区中央局指示，成立中共河西临时总前委和河西临时总指挥部，统一指挥红7军第58团、湘东南独立师和第20军第175团，红3军团政治委员滕代远任总前委书记兼总指挥部政治委员，张云逸任总指挥。此时，滕代远的身份是中央局派出的巡视员，正在视察湘鄂赣边区的工作。

永新会合

李明瑞、邓小平率部在武水突破重围后，星夜急速行军50公里，摆脱敌军追击，穿过大庾岭，经仁化进入江西的大庾（今大余）境内，于2月14日在杰坝与崇南游击队会晤，随即进占崇义县城。

进城后，得知离县城不远有红35军的独立营，有苏维埃政府，李明瑞随即派人联络。在没有确立新的目标的情况下，李明瑞、邓小平商量决定先在崇义安顿下来，一边开展地方工作，一边整训部队，同时设法与张云逸所部联系。

2月，邓小平从部队实际情况出发，决定取消红7军前委，成立团委，并任团委书记，李明瑞任委员。3月，邓小平出发到上海向中央汇报工作。邓小平走后，由许卓代理团委书记。许卓是广东人，原名许崇耆，毕业于日本士官学校，参加过北伐战争，百色起义时任教导队大队长。

就在此时，国民党南昌行营主任何应钦派出的部队，已从三面向崇义逼近，准备夹击红7军。军情如火，许卓主持团委召开紧急会议。会议最终决定，采纳邓小平临走时的意见，撤出崇义，去和湘赣边区红军会合。

崇义县城虽小，但四周城垣比较完整，李明瑞把南、北门作为重点防守，由1营驻扎北门，3营驻扎南门，2营驻守东门，其余警戒城内外。

赣南春早，敌人到来的那天早上，细雨蒙蒙，雾气弥漫，30米开外不见人影。李明瑞分析敌情后，决定利用雨雾避实就虚，以假乱真，同敌人展开斗智战：派出小部队以强火力装出坚守的态势迷惑敌人，与此同时，大部队从城北的一条小山路悄悄撤退。

首先扑向北门的敌人狂叫："活捉李明瑞！"一个军官端着机关枪跑到最前头，来了一番侦察火力，突然"啪"的一声，他应声倒下，接着又是一连串的枪声，十来个敌兵还没叫出声来，就趴在了地上。子弹是从东南角射来的。

敌人发现红军人数不多，盯着屁股就追，双方边走边打，战斗越来越激烈。

大雾中，李明瑞带着两个突击连直奔南门，阻击城外来的敌人。敌人右侧受到攻击，立即转向还击。敌我双方战斗猛烈，枪炮冒出的硝烟和浓雾混杂在一起，更加重了目视的障碍。

为了活捉李明瑞，从南北两门突进的敌人都

不惜一切代价地猛烈攻击。李明瑞带着 200 多人的突击连，往南打一阵，往北打一阵，等时机差不多了，就果断地撤出战斗，从西门穿雾而走。

两个方向进城的敌人，都把对方当作“李明瑞匪军”来打，越打越眼红，一会儿是北门发动攻击，压倒对方，一会儿是南门发动反击，把对方杀回去，如此反复冲锋多次。

待到云开雾散时，敌人才猛然大悟，上了李明瑞“诱敌火并”的大当，两边都各伤亡两三百人。正当双方互相指责、谩骂的时候，李明瑞已经率部在 50 多里以外了。

李明瑞率领第 55 团，取道井冈山南面的遂川北上，进抵永新天河镇。

4 月初，张云逸所在的河西临时总指挥部在永阳组织了一场较大的战斗，击溃敌第 77 师第 230 团。这次战斗结束后，滕代远和张云逸得知了第 55 团的动向，便决定改变原拟向吉安方向进攻的计划，由张云逸和王震率领第 58 团和湘东南独立师一部南下接应李明瑞。

一天，永新城外，一支衣着不整，打着褪了

色的红军旗帜的队伍，向城边走来。李明瑞定睛一看，这不是张云逸军长吗？是第58团！两边的战士突然爆发出呼喊声："总指挥，总指挥！""找到了，找到了！"

李明瑞大步流星地走过去，张云逸也快步走过来，两双大手紧紧握在一起。两个人抑制不住激动的心情，把手一松，拥抱起来，流下了喜悦的热泪。

"找你们找得好苦啊！我派人到赣南边找，湘东边找，都没有找到，现在可找到了！"李明瑞说。

"我们也一样，到处寻找。直到前几天看到《中央日报》上的报道《共军李明瑞部向遂川流窜》，这就来会亲啦。"

几分钟后，小桥上、田野里、山坡上，到处都是狂欢的战士。指战员们高兴极了，分别了两个多月的战友相逢、兄弟团聚，互相倾吐着怀念之情，畅谈着战斗历程，互相开着玩笑："我以为你喂老虎了。""红军是武松，老虎哪敢动我们一根毫毛！"

能够见到王震，是李明瑞的意外之喜。在武

汉时，王震曾以“王正林”的身份投到李明瑞麾下，并深得李的赏识，后因革命斗争需要在李明瑞回乡省亲时“不辞而别”。多年后两人能够再次相见，分外欣喜。

全军官兵胜利会师，唱着雄壮的歌曲开回永新县的禾川镇。湘赣边区党委、政府粘贴了许多红红绿绿的欢迎标语：“向红7军学习！”“中国工农兵万岁！”“团结互助，共同对敌，打倒国民党反动派！”边区人民热情地迎接他们，争相前来慰问、祝贺。

第二天上午，在县城里召开第55团和第58团胜利会师大会。李明瑞在热烈的掌声中走到主席台前，开始讲话。他首先回顾了红7军艰苦的战斗历程：

“半年多来，我们转战7000余里，粉碎5个省反动军阀的围追堵截，胜利到达苏区，今天两个团又胜利会师，说明共产党领导下的红军是能战胜一切艰难险阻的，也说明我们全体指战员具有坚定的共产主义信念和严密的组织纪律。我们的队伍是钢铁的队伍，任何情况下，都是打不垮，捶不烂的。”

话音刚落，全场响起热烈的掌声。

李明瑞继续说：“虽然我们从广西到江西，人员由 7000 多人减到现在的 2000 多人，但是我们的队伍更坚强更团结了。革命胜利来之不易，需要流血牺牲。今后，我们要发扬优良传统，坚决粉碎敌人的‘围剿’，夺取新的胜利！”

讲话完毕，李明瑞走到主席台前边，频频招手，向欢迎的人们致意！

张云逸军长和各方面的代表也讲了话。张云逸号召红 7 军全体指战员胜不骄、败不馁，紧紧地和苏区军民打成一片，就能攻无不克，战无不胜。当大会宣布结束时，全场又爆发出热烈的掌声。

两团会合后，红 7 军补充了从平江、浏阳来的几百名新战士，增建了第 56 团，河西红军兵力增加。河西临时总指挥部的负责人作了调整，李明瑞接替张云逸担任总指挥一职，政治委员改由红 20 军政治委员曾炳春担任。此时指挥部所辖红军共 7000 多人。

05 名垂青史

引蛇出洞

李明瑞接任河西临时总指挥部总指挥后，立即率部投入第二次反“围剿”的战斗之中。

蒋介石对中央苏区的第二次“围剿”，动用约20 万兵力，从江西吉安到福建建宁，布下了一条800 里的战线，妄图把红军一口吞掉。

为打破敌人的“清剿”，并配合中央苏区第二次反“围剿”斗争，河西临时总指挥部决定集中全力，歼灭驻扎在安福地区的国民党军。

在安福城里驻防的，是韩德勤第 52 师的 1 个旅。李明瑞了解敌情后，说：“蒋介石动员 20 万之众侵犯苏区，韩德勤师是其中的精锐。守安福城的这个旅，是韩师的主力，装备精良。现在城门紧闭，是准备待援。我们只有佯攻，引蛇出洞，才能取胜。”当下作了佯攻和诱敌出城的部署。

1931年4月13日，红7军第55团、第58团在李明瑞、张云逸等人率领下，把安福城团团围住，4门迫击炮同时开火，一时炮声隆隆，杀声震天。敌人也全力反击，集中火力扫射红军攻城部队。战到傍晚时分，李明瑞见久攻不下，于是亲自操作一门迫击炮，向城南门连发5枚炮弹，城墙被炸塌了一大块缺口，红军加强了火力猛攻，守军渐渐不支。

敌旅长急忙打电话到吉安，向韩德勤求援：“韩师长，不得了了，红军总指挥李明瑞率数千之众攻安福，再不增援，安福城就危险了！”

“就是那个北伐军的虎将、河西总指挥的李明瑞吗？”

“唔，是的，是的！”

“我知道李明瑞厉害，不然他怎么敢带几千红军流窜黔、桂、湘、粤、赣五省？正因为他厉害，活捉他就更有价值。我已派5个团增援，现正在途中。估计快到安福了。你们一定要缠住他。能活捉到他，蒋总司令、何应钦指挥官必有重奖。”

敌旅长一听，精神大振，立即令全城守军全力反击。但就在这时，红军阵地却响起了撤退的军号声。怎么回事呢？原来，在攻打安福城时，总指挥部获悉敌人从吉安增援的情报。如果继续攻城，红军势必陷于困境。于是，李明瑞用了一个“引蛇出洞”之计。红 7 军按照预先部署，向城南 30 里外的廖塘桥佯动，“撤退”的路上还故意丢弃一些破鞋子、烂帽子和废弹壳，以此迷惑敌人。有的战士还故意落在后面，装出一副“仓皇逃跑”的狼狈相。

城中守军见状大喜，以为红军真的害怕了，于是派出 1 个团，配合从吉安而来的援敌，跟踪追击红军。

红 7 军且战且退，过了廖塘桥后，在转弯处隐蔽下来。第 55 团和独立师埋伏在北面森林里，第 20 军隐蔽在南边的丘陵地带，第 58 团则从廖塘桥头到沿河两岸摆开长蛇阵。

等到敌人进入伏击圈后，第 55 团、第 58 团立即迎面反击，第 20 军和独立师也分别从两侧出击。敌人受到 3 个方面的攻击，成了瓮中之鳖，被杀得哭爹喊娘，不到半个小时，就被杀死杀伤二三百人。

敌人还想挣扎，李明瑞立即命令第 55 团从右侧迂回过去，切断其退路。敌人愈加慌乱，李明瑞趁机带特务连插入敌群之中，将其击溃。这时，一个军官模样的人，急匆匆地躲到一个士兵的后面，慌慌张张地脱掉身上的军官服，剥下一个死亡士兵的服装穿上，李明瑞见状，大喝一声:“不许动！”那人听到喊声，撒腿就跑。一个红军战士抬枪射击，将其击毙。后来证实，他就是安福城中率部来追击红军的敌军团长。红军乘胜追击 15 里，将该团大部歼灭。少数残敌逃回安福城内，死守待援。

安福大捷后，河西临时总指挥部进驻萍乡的宣风、芦溪一带，一面歼敌，一面帮助地方建立群众组织，没收豪绅谷物，分给贫苦群众。随后，又返回永新地区。

5 月中旬，“围剿”中央苏区的敌军继续向根据地中心推进。从 5 月 16 日到 31 日，红一方面军在毛泽东、朱德的指挥下，横扫700里，连打5个胜仗，消灭蒋军3万多人，缴获枪2万支，粉碎了国民党军的第二次“围剿”。这期间，根据红一方面军命令，红20军编入红7军，李明瑞任红7军军长。

此时，茶陵、攸县和酃县等地敌人的兵力比较薄弱，指挥部决定，向湘东南之敌发起进攻，破坏敌人的“清剿”，扩大和巩固湘赣革命根据地。

6月初至中旬，李明瑞等率部乘胜连克茶陵、安仁、攸县、酃县、遂川等县城，被俘的国民党士兵胆战心惊地说：“你们穿得很破烂，但打起仗来很勇猛，个个像猴子，几个跳跃，一枪不发，就冲到我们的阵地来，突然枪声大作，真够厉害的，我没见过这样的奇兵！”

6月下旬，红7军进驻江西赣县沙地镇休整。不久，接到中共苏区中央局和中央军委要求部队东渡赣江，同红一方面军会合的命令。红7军渡过赣江后，经良口、白露，于7月13日到达兴国。

从沙地到兴国，红7军一路上受到各地党政

干部和群众的热烈欢迎。老百姓给指战员们送鸡蛋、水果、草鞋；青年赤卫队员拉着官兵们的手，要他们讲从广西到江西的战斗历程。

这一切让李明瑞倍感亲切，调皮的战士围着他，问：“总指挥，你说你什么都见过，你见过这样动人的场面吗？”“不，不！我只见过旧世界的一切，没见过中央苏区这样的新世界，给人的印象太深了！”把大家都说乐了。

7月22日，在雩都县桥头镇，红7军与红3军团第12军会师。红一方面军给红7军补充了人员和武器，全军都换上了灰色的新军装，戴上了八角帽和红领章，军容焕然一新。

李明瑞和张云逸到营房看望战士，满面笑容地说：“我们已经完成了跟红一方面军会合的历史任务，从现在起，我们就是红一方面军的组成部分了。今后，我们要在毛泽东总政委和朱总司令的直接指挥下，为解放全中国而奋斗！”

7月中旬，中共红一方面军总前委召开高级军事会议，讨论第三次反“围剿”战略部署，李明瑞、张云逸等人奉命前往瑞金壬田寨与会。

李明瑞等人一到壬田会场，已在此等候多时的毛泽东、朱德马上笑着迎了上来，与大家一一热情握手，互致问候。李明瑞是头一次参加毛泽东主持的红军高级军事会议，心情格外激动。他伸出双手紧紧握住毛泽东的大手，一股暖流顿时传遍全身。

身材修长的毛泽东用力抖了抖李明瑞的手，微笑着说："李军长，你们红 7 军游击五省，行程一万两千里，大小百余战，经受严峻的考验，真不简单呀！你们来到中央苏区，我们以后就在一起战斗了，很好很好！"

李明瑞用敬仰的目光看着毛泽东，激动地说道："多谢总前委书记的勉励，红 7 军之所以能有今天，全靠大家革命的决心大，是红一方面军给我们树立了光辉的榜样！"

朱德笑眯眯地向李明瑞竖起拇指说："李军长，说起来我们也算是校友了，都是李根源云南讲武堂的学生，不过我在云南本校，你在韶州分校罢了。你这位北伐军的虎将，我已久闻大名了。你会打仗，能打硬仗，真令人佩服！来到苏区后，你更有大显身手的天地了。”

壬田寨会议，对第三次反“围剿”作了明确部署，鉴于红7军长途跋涉、艰苦转战比较劳累，还没有得到充分休息，因此这次任务是担任总预备队，配合红1军团、红3军团作战。

7月下旬，红7军与红一方面军总部会合，暂归红3军团指挥；后正式编入红3军团序列。

再创奇功

1931年6月，蒋介石亲自坐镇南昌，指挥23个师又3个旅共30万人，兵分三路，采取“长驱直入”“分进合击”的战术，对中央革命根据地进行第三次“围剿”，叫嚣“在3个月内肃清江西共军”。红一方面军决定采取“避敌主力，打其虚弱”的方针，集中优势兵力，由高兴圩地区秘密北进，夺取富田、新安后，由西向东，横扫敌人的后方联络线，在运动中不断消灭敌人。

7月底，红一方面军主力开始向富田开进。李明瑞指挥红7军，从雩都桥头进至龙冈一线，准备配合红5军、红8军阻击宁冈方向来的左路敌人，但由于敌人过于密集，且兴国城已被敌人占领，红军部队腹背受敌，便掉头攻打富田。蒋介石急调2个主力师赶到富田、固坡一带增援。敌强我弱，红7军根据红3军团军团长彭德怀的命令，进入富田南面8里的森林里隐蔽待命。大队人马挤在山林里，焦急地等待着军团长的命令。

8月6日，彭德怀和红3军团政治部主任袁国平一起来到了红7军军部。彭德怀一到，就快人快语地和李明瑞说开了："目前，敌人已经发觉我们的行动，正在向我们步步进逼。敌人的企图很清楚，想吃掉我们，有那么容易吗？我们有第一次、第二次反'围剿'的经验，军民更加团结，力量更加强大了。我们一定能够粉碎敌人的阴谋。"

李明瑞听了彭德怀的话，心里踏实了许多，说："请彭总放心，我们坚决服从命令，前卫打到哪里，我们就跟着打到哪里，一切行动听指挥。"

彭德怀笑了笑，说：“好，好！红 7 军是一支在战火中磨炼出来的英雄部队，我们很放心，到时候仗会有你们打的！”

晚饭后，红 7 军 3 个团在森林里听了袁国平主任作的战前动员和作战部署。然后，李明瑞率部偃旗息鼓，急行军 140 多里，直奔莲塘，秘密向敌接近。8 月 7 日拂晓，红 7 军担任后卫任务，配合红 3 军团、红 4 军向敌第 47 师第 2 旅发起猛攻，将该旅和由良村西出侦察的 1 个多营全部歼灭，击毙旅长谭子钧。

莲塘战斗后，红一方面军主力乘胜向良村方向疾进，途中歼灭敌第 54 师第 160 旅的 1 个团，该旅余部逃回良村。红军跟踪追击，于 13 时许占领良村，歼灭第 54 师师部和两个旅的大部，残敌逃向龙冈。

红一方面军在莲塘、良村给敌人以重大杀伤后，继续东进。8 月 11 日中午，红 4 军、红 12 军（欠第 35 师）冒着大雨，由黄陂南侧向国民党军第 8 师发起攻击，红 3 军团指挥红 7 军迂回到黄陂东侧实施攻击，歼灭其两个团，残敌向洛口、宁都逃跑。红军乘胜追击 20 里，又歼灭其一部。此战，红军共歼敌第 8 师约 4 个团，俘敌 4000 余人，缴枪 3000 余支。

蒋介石接连损兵折将，仍不死心，又重新调整各路兵力，由西向东直逼黄陂、君埠地区，企图一举消灭红一方面军。敌人的主力部队相隔只有几公里，一旦发现红军主力，便实施两头合围。

李明瑞率红 7 军与兄弟部队一起，按照总部的指示，穿过敌人间的缝隙，神速地跳出包围圈，掉头往西，转进至兴国白沙一带。红 7 军在这里帮群众割稻谷，分粮食，秣马厉兵，养精蓄锐，敌人连红军的影子也没找着。

不久，红 1 军团、红 3 军团集中优势兵力，给集结在兴国高圩、老营盘的国民党军蒋鼎文第 9 师以沉重打击，歼灭其 1 个旅。红 7 军则死死钳制兴国城，与敌人进行了激烈的战斗。

9 月初，国民党军队在中央革命根据地来往奔走两个多月，无力再战，开始退却。为了扩大战果，红军对败退的敌人实行全线追击，红 7 军负

责追歼逃敌蒋鼎文第 9 师和韩德勤第 52 师。

李明瑞作战前动员：“前段时间，我们是‘总预备队’，现在是‘追歼队’了。我们要发扬猛打、猛冲、猛追的精神，不歼灭逃敌决不罢休。你们说，行不行？”

“行！”全体指战员响亮的回答，声震山谷。

急行军又开始了。李明瑞穿着草鞋，和战士们一起奔走在崇山峻岭的羊肠小道上，向敌人溃逃的方向追击。他们一口气走了 120 里，赶到了逃敌的驻地——东固方石岭。

方石岭是环形的长方形山地，中间是一条山谷小路。敌人企图从这里经过，往北面的富田、吉安方向逃跑。此时，蒋鼎文师已到东固镇驻扎，而韩德勤师先头部队正从方石岭穿过。李明瑞仔细观察地形后，给各团布置了任务：“敌人大部已先于我们逃到这里，有些余部即将陆续到达。我们要趁他们惊魂未定之时，抢占山头，速战速决，全部歼灭他们。”

这天黎明时分，第 55 团、第 56 团、第 58 团一字摆开，趁着蒙蒙烟雾，静悄悄地从方石岭右侧摸了上去，不到 20 分钟，就抢占了山顶。最先上去的 4 连 1 排把敌人的哨兵收拾掉后，以火力封锁住环形高山的山口，逼令敌人特务营 300 余人缴械投降。

当敌人醒悟过来时，已经来不及了，红 7 军的 3 个团从山顶压了下去。敌人要后退，结果被已打乱的辎重部队挡住了去路。他们想要从左侧翻山越逃，又被赶来的其他红军部队截住。不到两个小时，红 7 军在兄弟部队的配合下，全歼了国民党第 52 师。被俘虏的国民党军士兵感慨地说："你们是兵，我们也是兵，但你们是那样的厉害，简直不可思议。"

第 52 师师长韩德勤在慌乱中化装成一个伙夫，被俘后，乘红军战士不知道他的身份，在领了路费后，和其他俘虏一起被释放了。滑稽的是，他侥幸逃脱后，还从建昌给红 7 军发来一封电报："我得到你们发给的一块银元，安全回到建昌府了，谢谢。"

东固方石岭一战，宣告第三次反"围剿"的胜利结束。

英雄千古

1931 年 9 月下旬，李明瑞率红 7 军刚从瑞金回到兴国，就接到红 3 军团的命令，要求他们迅速向西挺进至小密镇驻防，负责警戒赣州方面的援敌，掩护主力部队攻打会昌。小密镇位于会昌北、雩都东，与瑞金相距 60 多里。

红 7 军到达小密镇后，李明瑞一面整训部队，一面协助当地中共组织恢复党团和各种群众组织，加强地方政权和武装力量，开展土地革命，打土豪、分田地，为红军筹粮筹款等，把小密里里外外搞得热火朝天，一派革命景象。

然而此时，以王明为代表的“左”倾路线的阴霾开始向李明瑞袭来。以红 7 军政委葛耀山为首的“肃反委员会”，积极推行“肃反”扩大化的错误政策，使李明瑞无端受到怀疑和打击。

有人诬蔑李明瑞是“假革命”，是“混进革命队伍中的军阀残余”。对此，他心胸坦荡，仍然以革命利益为重，顶住各种恫吓和威胁，埋头努力为党工作，以实际行动向组织表明自己的清白和忠诚。此外，他多次表明要找组织谈话申诉。然而，李明瑞这一合理要求，不仅没有得到允许，反而遭到越来越重的打击，终酿成无可挽回的悲剧。

10 月下旬，李明瑞为执行指挥作战及筹饷任务，只身带两名警卫员由小密镇出发，到第 56 团 8 连驻地黄龙乡朱田村视察。23 日，他被冠以“逃跑投敌”的莫须有罪名，惨遭杀害，时年 35 岁。

李明瑞被错杀，是中国工农红军的一大损失。这次“肃反”，更使红 7 军的组织基础受到了严重的摧残。

青山遮不住，毕竟东流去，历史的真相终将得到澄清。1945 年 3 月，中共中央在延安召开原红 7 军同志座谈会，会议肯定了红 7 军、红 8 军在左右江建立革命根据地的历史功绩，并对李明瑞作出了正确评价。主持座谈会的陈毅代表中央总结道：“把红 7 军说成‘改组派’军队，这是当时王明中央的错误，把红7军肃垮了，是应该总结经验教训的。凡是在‘肃反’扩大化中受害的同志，一律给予平反昭雪，恢复名誉。”他还特别指出：“李明瑞是中国共产党党员，是革命的，不是‘改组派’。”

1945年4月至6月召开的中共七大，批判了王明“左”倾错误路线，正式追认李明瑞为革命烈士。他的经历收入中央组织部编写的《烈士英名录》中。同年，中共中央《关于广西苏维埃与红军第七军总结意见书（草案）》明确指出：“在红七军以国民党改组派名义的肃反是完全错误的。”《关于红军第七军历史的决定（草案）》指出：“李明瑞同志在长征（指从广西到江西）中指挥和维护部队是有极大的功劳。”李明瑞的冤情，终于得到平反昭雪。

06 尾 声

多少次木棉花开又花落，1981 年 12 月 11 日，正值百色起义 52 周年之际，当年左右江起义领导人、红 7 军和红 8 军政治委员邓小平亲笔题词，并刊登在《人民日报》《解放军报》《广西日报》头版头条位置：

纪念李明瑞、韦拔群等同志，百色起义的革命先烈，永垂不朽！

健在的红 7 军老同志提议为李明瑞、韦拔群等百色起义先烈建立纪念碑。这个建议得到广西壮族自治区党委和自治区人民政府的同意并转呈中共中央，很快就得到党中央和国务院的批准。

1984 年 12 月 11 日，百色起义 55 周年到来之际，李明瑞、韦拔群纪念碑在南宁市南湖公园落成揭幕。纪念碑基座高达 5.4 米，红旗下是百色起义烈士群像，正面是手持单筒望远镜的李明瑞和手握驳壳枪的韦拔群的塑像，在塑像下面镌刻着邓小平的题词。纪念碑庄严雄伟，令人肃然起敬。

为缅怀英雄业绩，1984 年，李明瑞、俞作豫烈士纪念馆在北流市城区田螺岭落成，并于 1985 年 2 月 1 日龙州起义 55 周年之际正式对外开放。红 7 军老战士、原邮电部部长钟夫翔为纪念馆题写馆名。1995 年，纪念馆被北流市人民政府确定为“市级爱国主义教育基地”和“国防教育基地”，被广西壮族自治区党委、自治区人民政府确定为“自治区爱国主义教育基地”，参观者络绎不绝。

1986 年春节期间，邓小平来到广西。他情不自禁地回忆说：“七军北上开往江西的时候，李明瑞从来没有骑过马。我和他带一个先遣连，一直走在队伍前面。”言语间洋溢着战友深情。他又反复对自治区领导说：“你们要多宣传李明瑞，他是一个能艰苦奋斗的人，勇敢，善于指挥，行军、冲锋、打仗总在前。”

1986 年 1 月 9 日，李明瑞诞辰 90 周年，他的女儿李应芬写了一篇纪念文章《沉痛悼念我的父亲李明瑞烈士》，由莫文骅转呈邓小平审核。邓小平很重视，看后即送《人民日报》，于11月16日发表。文章打出清样后，邓小平还亲自过目审定。

同年，李明瑞家乡北流县开办一所明瑞中学，邓小平知道后，欣然为该校题写了校名。学校还设立了李明瑞烈士展览馆。

1986年，《中国大百科全书·军事卷》编纂工作基本完成。其中有关李明瑞的条目释文，称他是“左、右江起义领导人之一”。邓小平批示：“称李为左、右江领导人之一的提法，是正确的。”

1989年，北流县人民政府批准将1928年秋李明瑞回家省亲时捐款兴建的“平旦国民基础学校”（后改名为“平旦小学”）更名为“明瑞小学”，并将学校迁回原址，兴建了新校舍。

1993年，《我的父亲邓小平》上卷出版，该书道出了邓小平、李明瑞真挚深厚的战友之情。书中写道：“从第一次相见开始，父亲便和李明瑞结下了深厚的战斗友情，并开始了一段并肩作战、生死与共的战斗历程。”“父亲认为他最了解李明瑞，也最信任李明瑞。”“对于李明瑞，在长达几十年的岁月中，父亲一直是怀念他的。父亲说过，70年代的时候，他还几次对毛泽东说过：‘李明瑞是被错杀的。’至今提起李明瑞，在父亲的言语中，还总是闪露着激动难平之情。”

位于南宁的李明瑞、韦拔群事迹陈列馆里，挂满了怀念革命先烈的题词和诗联，其中有一副对联写道：

北伐中原称虎将，

揭竿百色大英雄。

这正是对李明瑞忠勇一生的生动概括和真实写照。

后　记

李明瑞烈士，是中国工农红军的优秀指挥员、人民军队初创时期的杰出将领、中国共产党的忠贞战士。他在学生时代，就胸怀救国救民的伟大志向。在身处旧军队的11年里，他一直没有放弃对光明的追求，最终在中国共产党宗旨的感召下，转变为一名坚定的无产阶级革命战士。他对革命赤胆忠心，一生短暂却辉煌，其光辉业绩、革命精神和崇高品格，必将永远镌刻在中国革命历史的丰碑上。

本书是在前人研究成果和充分尊重史实的基础上，从李明瑞平凡而伟大的一生中遴选了最典型、最具代表性的英雄事迹，结合中国革命发展历程和英雄烈士的人生经历编写而成的。力求用生动感人的英雄故事，向读者传递英雄烈士伟大的革命精神。在编写过程中，得到军事科学院军队政治工作研究院领导和机关的大力支持，康月田、李博、岳思平、徐占权等多位专家学者进行了审读，提出了宝贵意见。

主要参考书目有：《邓小平传》（中共中央文献研究室编 / 中央文献出版社），《张云逸传》（《张云逸传》编写组著 / 当代中国出版社），《解放军将领传（六）》（星火燎原编辑部编 / 解放军出版社），《红军名将李明瑞》（覃尚文编著 / 广西教育出版社），《李明瑞》（陆群和、李应芬著 / 广西人民出版社），《邓小平与李明瑞》（傅建文、谌虹颖著 / 华文出版社），《红七军红八军总指挥——李明瑞》（王福琨主编 / 广西人民出版社），《中共党史人物传（第 6 卷）》（中国中共党史人物研究会编 / 中国人民大学出版社），《将军血憾》（拾风编著 / 漓江出版社），《八桂将军风云录》（庚新顺、朱永来主编 / 广西人民出版社），《党魂之光：100 名铁骨忠心的共产党人》（张友南主编 / 江西人民出版社）。

在此，谨向关心和帮助此书编写的各位领导、各位专家学者，以及上述书目的作者、编辑致以最诚挚的谢意！

图书在版编目（CIP）数据

李明瑞 / 军事科学院解放军党史军史研究中心编. 北京 : 学习出版社, 2025. 6. -- (中华先烈人物故事汇). -- ISBN 978-7-5147-1354-1

Ⅰ. K825.2

中国国家版本馆CIP数据核字第2025SB5300号

李明瑞

LI MINGRUI

军事科学院解放军党史军史研究中心

责任编辑：寿英孜　　封面绘画：刘书移
技术编辑：刘　硕　　内文插图：韩新维
美术编辑：杨　洪　　装帧设计：映　谷

出版发行：学习出版社
北京市东城区崇外大街11号新成文化大厦B座11层（100062）
010-66063020　010-66061634　010-66061646
网　　址：http://www.xuexiph.cn
经　　销：新华书店
印　　刷：河北鹏润印刷有限公司

开　　本：787毫米×1092毫米　1/32
印　　张：6
字　　数：78千字
版次印次：2025年6月第1版　2025年6月第1次印刷

书　　号：ISBN 978-7-5147-1354-1
定　　价：25.00元